琅琊
墩式封土墓

青岛市文物保护考古研究所
青 岛 市 黄 岛 区 博 物 馆 编著

科 学 出 版 社
北 京

内 容 简 介

本书是青岛市文物保护考古研究所编著的一本考古报告集，内容包括2005 ~ 2011年青岛市黄岛区的三处汉代封土墓（群）的发掘报告，这三处分别是土山屯汉墓、廒上村汉墓和殷家庄汉墓，并附有土山屯汉墓出土的植物遗存和椁板树种的鉴定结果和初步分析。

本书可供考古学、历史学、地方史研究的专家学者以及相关专业的师生阅读、参考。

图书在版编目(CIP)数据

琅琊墩式封土墓 / 青岛市文物保护考古研究所，青岛市黄岛区博物馆编著. —北京：科学出版社，2018.3

ISBN 978-7-03-056690-4

Ⅰ. ①琅… Ⅱ. ①青… ②青… Ⅲ. ①汉墓-介绍-青岛 Ⅳ. ①K878.8

中国版本图书馆CIP数据核字（2018）第042056号

责任编辑：李 茜 / 责任校对：邹慧卿

责任印制：肖 兴 / 书籍设计：北京美光设计制版有限公司

科学出版社 出版

北京东黄城根北街16号

邮政编码：100717

http://www.sciencep.com

北京华联印刷有限公司 印刷

科学出版社发行 各地新华书店经销

*

2018年3月第 一 版 开本：889 × 1194 1/16

2018年3月第一次印刷 印张：12 3/4

字数：350 000

定价：288.00元

（如有印装质量问题，我社负责调换）

编委会

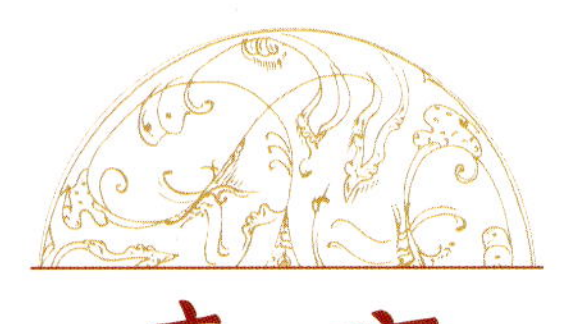

序 言

青岛市黄岛区，即西海岸经济新区。这里依山面海，交通便捷，曾以琅琊郡、琅琊港、琅琊台而闻名于世，是“琅琊文化”重要的发祥地和传承地。

经过考古工作者多年来的艰苦工作和辛勤探索，已在大珠山东麓发掘出不晚于四万年的古人类文化遗址[1]。自此以后，先民们在这方土地上生生不息、薪火相传，创造了灿烂而地域特色鲜明的古文化。2010年，辛安街道台头遗址发现的龙山文化时期稻田遗迹[2]，是早期水稻自江浙北上经山东半岛—辽东半岛—朝鲜半岛—日本列岛传播的重要证据。

商周时期，这里是东夷人的势力范围，也是东夷古国——“莒”的主要活动区域。战国早期（前431年），莒国为楚所灭，后齐又据有莒地，因而此地又有齐、楚文化因素留存，及至吴越两国先后北上争胜，亦将其文化影响带至此区域。因此，地理上的连带南北、贯通东西，使这里区域文化特征明显、文化内涵丰富多彩，可以说是处于一个文化交流的“十字路口”。

秦统一全国，于齐地东南滨海置琅琊郡，下辖琅琊、赣榆、介根、诸、密、蒙莒、阳、启阳、南城等县。治所琅琊，即今黄岛区琅琊镇驻地一带。两汉延续秦制，短时间内曾改琅琊郡为琅琊国，并分封祝兹侯国等。王莽改琅琊郡为填夷。东汉时期，仍属琅琊郡。

然而，这一地区的考古工作开展较晚，长期以来，囿于材料的匮乏，迄今学术界对该区域内考古学文化的认识尚不够清晰。近些年，随着一系列考古工作的开展，一些新材料陆续发表，其文化面貌逐渐明晰。本系列考古发掘报告的陆续出版，将为研究该地区汉代的物质文化面貌和社会形态提供崭新的素材。

2002年，为配合同三高速公路建设，山东省文物考古研究所在黄岛区张家楼镇河头墓

[1] 陈宇鹏、李锋、陈福友、林玉海：《青岛地区首个有地层依据的旧石器遗址——大珠山遗址的新发现》，《中国文物报》2014年3月28日第8版。

[2] 郑晓蕖、彭峪、郑禄红：《台头遗址稻作农业的考古学研究》，《青岛考古(二)》，科学出版社，2015年，第234~248页。

群[1]、日照市海曲墓地[2]进行了抢救性考古发掘，清理墓葬近百座。这些墓葬均为西汉中晚期—东汉时期中低级贵族或平民墓葬，有高大的封土，封土为堆筑而成，未经夯打。每座封土之中都包含数量不等的中小型墓葬，有的还有早晚打破关系。这些墓葬盛行设置器物箱，一般有头箱、脚箱或边箱，也有的头箱、脚箱、边箱都有。其木质棺椁全部采用榫卯结构，扣合非常严密。出土文物十分丰富，主要有陶器、铜器、玉器、漆器、木器、铁器、角器等，而其中一个重要现象是有大量的漆木器和原始青瓷器出土。

2005年，在青岛至莱芜高速公路建设中发掘的胶州赵家庄墓地[3]中，7座封土下共发掘了73座小型土坑竖穴或岩坑墓。墓葬排列有序，多成组或成排分布。发掘的7座封土墓，每座封土是一个相对独立的墓区，部分封土台基周围存在界沟，亦有大量原始瓷器和漆木器等文物出土。这些现象都表明，汉代"琅琊文化圈"与江浙楚之间有密切的文化交流。

自2005年开始，青岛市文物保护考古研究所在黄岛区境内进行了多次考古发掘，进一步丰富了这种封土墓的考古资料。

随着考古工作的不断深入，我们发现这类汉代封土墓大量存在于青岛市黄岛区乃至整个鲁东南地区。已经发掘的同类封土墓还有黄岛区丁家皂户[4]、纪家店子[5]、沂南县宋家哨[6]、董家岭[7]、五莲西楼[8]等墓地。这一地区应包括今天胶州市的南部和西南部、青岛市黄岛区、日照市和临沂市的东部沿海或近海地区，即鲁东南沿海地区，大致为秦汉时期琅琊郡所属范围。

从地理位置上看，鲁东南沿海地区，春秋时期属于齐国，其后齐吴争胜，两国长期

---

[1] 李曰训、宋爱华、林玉海：《胶南市河头汉代墓葬》，《中国考古学年鉴(2003)》，文物出版社，2004年，第221~222页。

[2] 何德亮、郑同修、崔圣宽：《日照海曲汉代墓地考古的主要收获》，《文物世界》2003年第5期，第42~47页。

[3] 兰玉富、李文胜、王磊、马健：《山东胶州赵家庄抢救性发掘汉代墓地》，《中国文物报》2006年1月20日第1版。

[4] 宋爱华：《胶南市丁家皂户汉代墓葬》，《中国考古学年鉴(2003)》，文物出版社，2004年，第223页。

[5] 燕生东、兰玉富、纪中良：《胶南市纪家店子汉代墓地》，《中国考古学年鉴(2003)》，文物出版社，2004年，第222页。

[6] 崔圣宽：《沂南县宋家哨汉代墓地》，《中国考古学年鉴(2002)》，文物出版社，2003年，第245~246页。

[7] 党浩：《临沂市沂南县董家岭汉代墓地》，《中国考古学年鉴(2002)》，文物出版社，2003年，第244页。

[8] 崔圣宽：《五莲县西楼汉代墓地》，《中国考古学年鉴(2002)》，文物出版社，2003年，第245页。

于此进行拉锯战争。勾践灭吴后，越国势力又替代吴国在该地区与齐国竞争。据《越绝书》等记载，越王勾践甚至迁都琅琊，以示争霸中原之决心。正是为了应对越国的汹汹攻势，齐国开始在其边境修筑长城，这段历史在新出“清华简”中有详细记载。通过考古调查我们也可以发现，齐国修筑的长城恰好构成了一条文化上的边界。至战国晚期，楚国势力向东扩展并袭灭越国，将苏北及长江下游地区纳入其版图内，并将势力深入山东东南境地区，鲁东南沿海地区受此影响也得以吸收了部分楚文化因素。

可以说，春秋战国时期该地区集结了齐、吴、越、楚四国政治势力，正是这种政治上的拉锯及其地理上的连带，我们有理由相信该地曾受四国文化因素影响，这种影响也很有可能延续到汉代初期。秦始皇统一六国设置琅琊郡，包括西汉以来，该地区又长期属于琅琊郡，在同一行政区划内，一些文化面貌及习俗也更趋同。

目前考古发现，这种同一封土下发现数座乃至数十座墓葬的埋葬方式，在该地区的西汉墓葬中反映尤其明显，其封土之间无明显打破关系，说明各墓地均经过了一定的规划和管理，同一座大封土下可能为同一家族的墓地。它与鲁中南、鲁中、鲁北等地差异较大，具有显著的区域性特征，代表着鲁东南沿海一带此时期的葬制葬俗，对探讨鲁东南沿海地区汉代墓葬的埋葬制度和埋葬习俗无疑是十分重要的。

就目前资料看，从西汉中期开始，这一地区墓葬形制、葬俗、随葬品等出现了明显的吴越及楚文化特征。最为直接的表现即出土了数量较多的越人产品——原始青瓷，其种类、形态、釉色、胎质等与江浙一带发现的同类器基本相同。据现在考古发现与研究，原始瓷器的主要产地为江浙一带的江南地区，其烧制历史及使用情况均居全国之冠。目前江浙一带已发现诸多原始瓷器烧造窑址，发掘出土的原始瓷器也以之为中心及其附近地区较多。考察胶东地区汉代以前的墓葬及遗址，尚未发现有原始瓷器，而到汉代时则出现大量随葬于墓葬的情况，这显然是一种新的葬俗。本地区目前也未发现有原始瓷器烧造的窑址。考虑到南接吴越、海陆交通均极便捷的地缘关系，推测这些物品包括此种葬俗都很有可能是从江浙地区输入进来的。

目前，在与鲁东南相邻的鲁北地区少见原始瓷器出土，而胶东地区目前发现的汉代原始瓷器一是数量明显少，二是时代普遍偏晚，大多为东汉时期。例如，1993年发掘清理的栖霞市观里东汉墓发现一件原始瓷器[1]，2002年在海阳开发区汉墓中也出土了几件原始瓷器[2]。

[1] 阎虹、孙航卫：《山东栖霞市观里汉墓清理简报》，《华夏考古》2011年第4期，第25~28页。

[2] 高京平、张春明、孙晓英：《山东海阳市开发区发现一座西汉墓》，《考古》2007年第12期，第88~90页。

从其形制、纹饰、胎骨和釉色看，亦应是江浙一带产品，这也应该是原始瓷器逐渐东传、北传的结果。从历史记载上看，这或与公元前138年汉武帝内徙东瓯越人，以及公元前111年灭闽越并迁徙到江淮一带的两次北迁越人后裔历史事件有关，也正是越人北迁直接导致了吴越文化的北渐。

此外，胶东地区封土墓的封填青膏泥习俗、木质棺椁结构形式、出土的众多漆木器以及器表纹饰等特点，显示出具有楚文化的遗风。

进入东汉以后，鲁东南沿海地区较明显的区域性特征才逐渐消失，墓葬形制及出土器物均与山东其他地区汉墓渐趋一致，从而汇入了统一的汉文化中。

目前，对这种类型墓葬的定名，学界尚未有定论，2012年11月在浙江安吉曾召开“秦汉土墩墓国际学术研讨会”，专题讨论秦汉时期此类墓葬。在会后出版的论文集中，山东省文物考古研究所的郑同修先生注意到鲁东南区域这类大中型封土墓葬与南方土墩墓的区别，并提出了“墩式封土墓”的定名。

本书所涉及的三处墓地，处于汉代琅琊郡（或琅琊国）的地理范围内，因此，我们提出“琅琊墩式封土墓”这一概念，并以其作为书名。这种墓葬形制与吴越地区早期墩式墓存在一定的传承和演变关系，是在一定历史时期的特定演变形式，它也应该是琅琊文化的重要载体。相信随着“琅琊墩式封土墓系列”考古报告的陆续整理出版及相关课题研究的不断深入，神秘的琅琊文化会越来越清晰。

林玉海

2017年7月17日

目 录

概述

第一节 地理环境

土山屯汉墓、殷家庄汉墓及廒上村汉墓所在的青岛市黄岛区地处山东半岛西南隅，胶州湾畔。位于北纬35°35'～36°08'，东经119°30'～120°11'。南临黄海，北靠胶州市，西邻诸城、五莲县和日照市区。

黄岛区地形属鲁东丘陵区，境内山岭起伏，沟壑纵横，依陆傍海，构成山海奇观。境内的山脉主要是西部的小珠山山脉，该山脉向东、向北延伸。东面濒海，海岸线蜿蜒曲折，长达102.6千米，岛屿众多，港汊遍布。中部为海积平原，整个地形呈西高东低之势。

2005～2011年，青岛市文物保护考古研究所分别对黄岛区境内的土山屯汉墓、廒上村汉墓、殷家庄汉墓进行了考古发掘。

土山屯汉墓位于黄岛区张家楼镇土山屯村东北区域的岭地上，该地西边为土山，东边为钱家山，西北为铁橛山，东南为大珠山，东面临海，位于群山环绕的开阔地带，地下多为砂岩。

廒上村汉墓位于黄岛区海青镇廒上村，东北距胶南市区约50千米，南部与日照地区相接。该地西北和北侧为五莲山脉，南侧为河山山脉和潮河，东面临海。

殷家庄汉墓位于青岛市原胶南市大场镇南，东北距胶南市区约50千米，南距廒上村汉墓不到2千米。

第二节 历史沿革

据目前考古发掘资料证明，早在旧石器时代晚期（距今40000年前），黄岛滨海地区就有人类活动[1]。

新石器时代的大汶口文化时期，即出现聚落遗址，至龙山文化时期，考古发现的聚落遗址大增，广泛分布于滨海的山前冲积台地上。

商代，黄岛区大致属于古莱国势力范围的南境，亦受商文化的影响[2]。

两周时期，黄岛区所在的古琅琊地处齐、莱、莒、吴、越等国势力交错地带，归属不定，并常有战争。

秦统一全国，分天下为三十六郡，于齐地东南滨海置琅琊郡，下辖琅琊、赣榆、介根、诸、密、蒙莒县、阳、启阳、南城等县，治所琅琊，即今青岛市黄岛区琅琊镇驻地。

两汉延续秦琅琊郡建制，治所琅琊县，短时间内曾改琅琊郡为琅琊国，并分封祝兹侯国等。汉武帝元封五年（公元前106年）出巡至琅琊，于琅琊台上祭祀四时主。王莽改琅琊郡为填夷。东汉时期，仍属琅琊郡。

---

[1] 2013年，中国科学院古脊椎动物与古人类研究所、青岛市文物保护考古研究所、黄岛区博物馆联合对大珠山遗址进行了考古发掘，出土打制石器和动植物标本1400余件，经^{14}C测年认定为旧石器时代晚期遗址（距今约40000年）。该遗址背靠大珠山，距海2千米，出土遗物反映了原始社会居民采集狩猎的生活状态。

[2] 位于琅琊镇的东皂户遗址是胶东地区为数不多受商文化影响的遗址之一。

墓葬资料

土山屯汉墓

第一节 发掘概况

土山屯汉墓位于青岛市黄岛区张家楼镇土山屯村东北1千米处的岭上，地处浅丘漫岗，周围为农田。墓群原有15座封土，其中1座被毁坏、现存14座。1993年，该墓群遭盗掘，文物部门曾在此采集到部分汉代文物，因此判断其年代为汉代。1996年7月10日，其被胶南市人民政府公布为胶南市级文物保护单位。

2011年1月下旬，根据市文物局《关于胶南市东西大通道、前湾港路建设工程文物调查工作的通知》要求，青岛市文物保护考古研究所联合胶南市博物馆（现黄岛区博物馆），对工程沿线进行了考古调查工作；当年3月根据沿线考古调查结果进行勘探，确认了工程涉及的土山屯汉墓分布范围。

2011年5月初，为配合胶南市（现黄岛区）“东西大通道”路政工程建设，经过上级文物管理部门批准，在前期考古调查、勘探的基础上，青岛市文物保护考古研究所联合胶南市博物馆，对保护范围内的遗址进行了发掘。本次考古发掘未布设探方，采用探沟发掘方法。经过近一个月的考古发掘，共清理地面封土3座、墓葬13座（图一）。

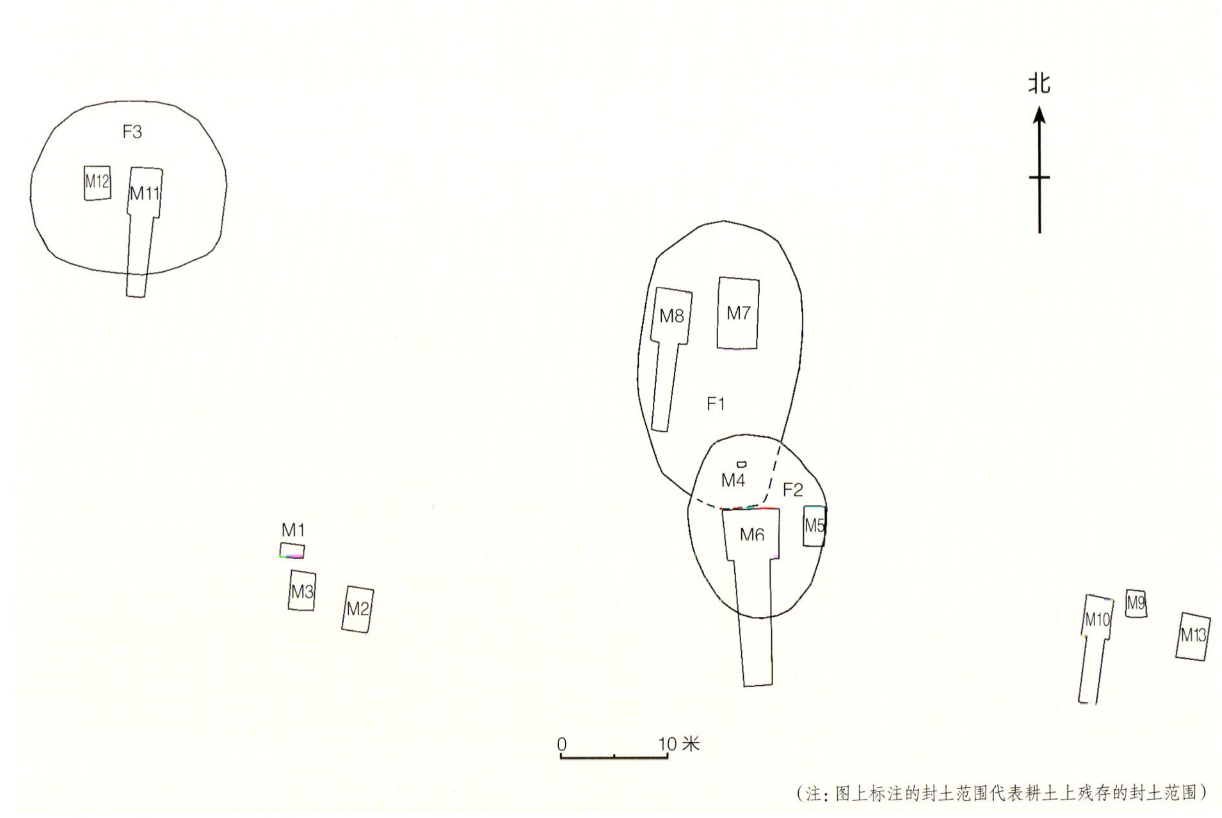

图一 2011年发掘土山屯墓群墓葬分布图

第二节 封土资料

本次考古共发掘了3座封土，均位于墓葬区南部，分别编号为：F1、F2、F3。从地表看，F1位于F2北，与F2南北向并排；剖面看，F2叠压在F1之上。F1下发现2座墓，编号M7、M8，F2下发现2座墓，编号M5、M6。F3位于F1、F2西北，其下共发现2座墓，编号M11、M12。由于多年风雨侵蚀，加上盗掘，村民取土、种植庄稼等原因，整个墓群内封土破坏较为严重。

此外，根据村民介绍以及从本次发掘情况看，M1、M2、M3及M9、M10、M13应各属一组墓葬群，可能位于两座封土之下，因村民平整土地已将墓葬上部封土完全破坏，故发掘时未能发现。

一、F1

从发掘情况看，F1（图二）底部剖面略呈椭圆形，长径约26、短径约15、残高约4米。F1封土下共有两座墓葬，分别编号为M7、M8，另有一座瓮棺葬（编号M4）打破F1。

图二　F1保存情况（从西北部拍摄）

通过对M7上部封土的解剖（图三、图四），可知该封土营建方式为：首先于选好址的平地中挖出岩坑墓圹，将挖出的砂石堆积在墓口四周，堆积高度1.6～1.8米。每堆积一层砂石即以厚约0.2米的膏泥涂抹在墓口上部堆积的砂石层四壁，以起到加固作用。砂石层的堆高，实际就是将墓葬开口提高到距原始地面1.6～1.8米处，即形成一个高于地面的土台。然后再于墓室内营建椁室，木棺下葬后再回填墓室，于其上部堆土夯筑，最后形成高大的封土堆。另外，从M4的发掘，结合青岛地区以往的考古发现，应该是存在将瓮棺埋葬在封土边缘部分的习俗。

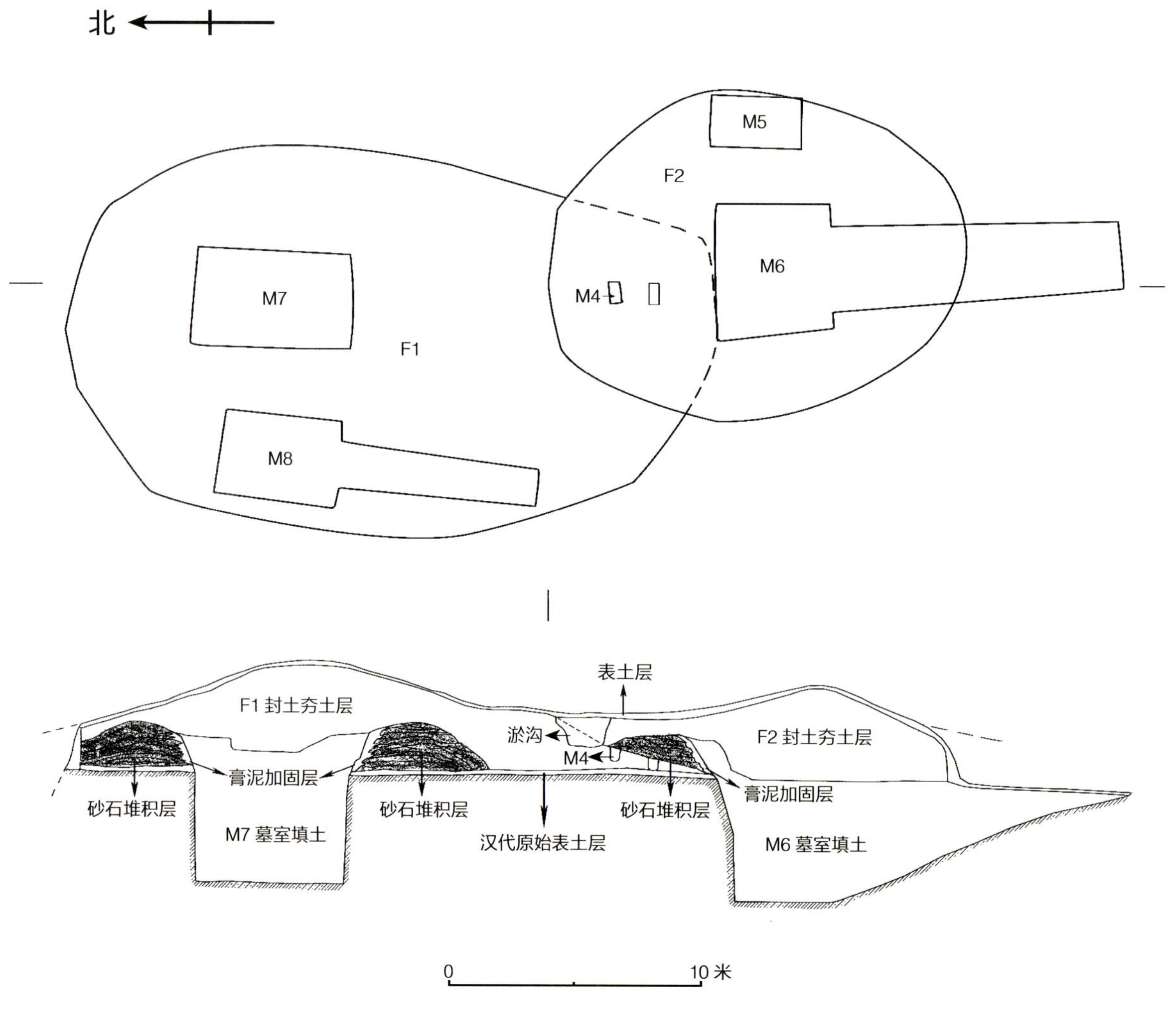

图三　F1、F2剖视图

图四 F1剖面及砂石堆积情况

二、F2

F2位于F1南，与其南北并排相连（图五）。从发掘情况看，F2底部剖面略呈椭圆形，东西径约16.5、南北径约13、残高约3.5米。封土下共有两座墓葬，分别编号为M5、M6。

通过对M6上部封土的解剖，可知F2叠压在F1上部，两座封土交接处有一道宽约2.2、深约1.2米的淤土沟，打破F1、F2，可能为封土的排水沟，没继续清理，长度未知。通过对M6上部封土解剖可知，其营建方式与F1基本相同。首先在紧靠F1封土南部的平地中挖出岩坑墓圹，将出土砂石堆积在墓口四周，堆积成高度约1.5米的土台。每堆积一层砂石仍以厚约0.2米的膏泥涂抹在墓口上部堆积的砂石层四壁，起到加固作用，随着砂石层逐渐堆高，将墓葬开口逐渐提高到距原始地面约1.5米处。然后在墓室内营建椁室，木棺下葬后再填埋墓室，最后在其上堆土夯筑，形成高大的封土堆。

图五　F1、F2（自西部拍摄）

图六　F3发掘前（从西侧拍摄）

三、F3

从发掘情况看，F3（图六）底部剖面略呈椭圆形，东西径约18、南北径约15.5、残高约4.2米。封土下共有两座墓葬，分别编号为M11、M12。

从对F3封土的解剖情况看（图七），该封土营建方式与F1、F2基本相同，仍然是堆叠墓坑中挖掘的砂石在墓葬口四周，以膏泥加固。不过，这两座墓口堆积砂石的高度比F1、F2都要低了很多，只是象征性地堆积了一两层砂石。M12墓圹外侧翻出的砂石层叠压于M11上部，即M12埋葬年代要晚于M11。

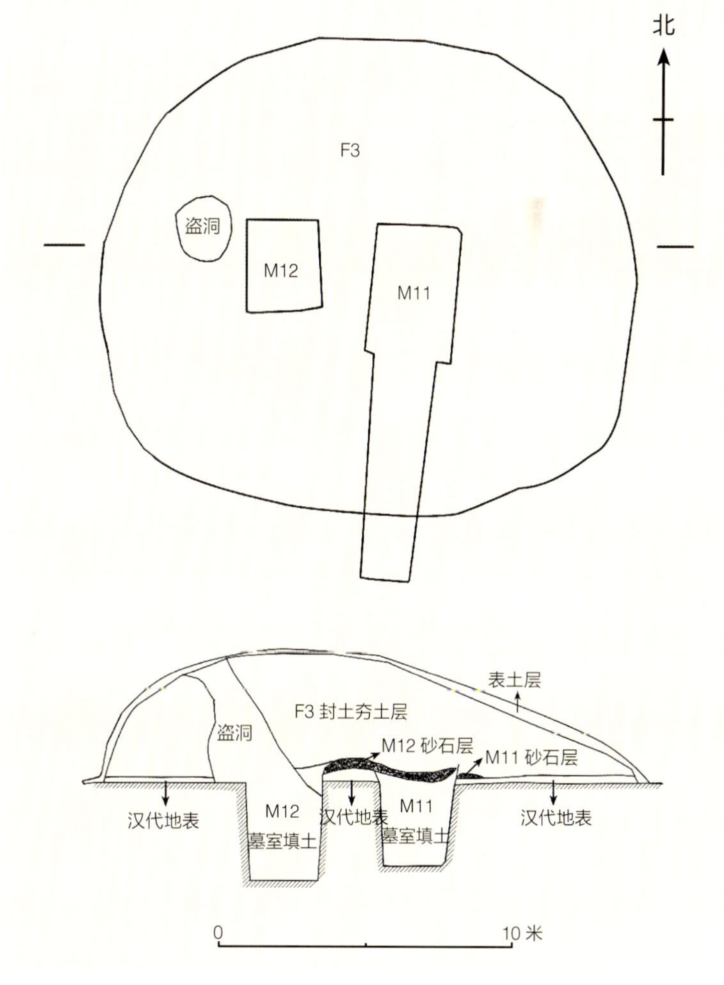

图七　F3平、剖面图

第三节 墓葬资料

本次考古发掘了3座封土，在其下共清理了6座墓葬，另有一座瓮棺葬打破F1（或者是随葬于封土边缘）。此外，通过勘探，还在周边发掘6座墓葬。因此，共发现墓葬13座。按照墓葬编号分别介绍如下。

一、M1

位于M2与M3北部，开口于耕土层下，东西向（图八）。长方形岩坑竖穴墓，墓壁较直，微内收，平底。墓口长约2.5、宽1.1～1.2、墓底至墓口残深约0.6米。单棺，已朽，根据残留灰痕可知，棺长约2.1、宽约0.6米。墓内人骨已不存，未发现任何随葬品（图九）。

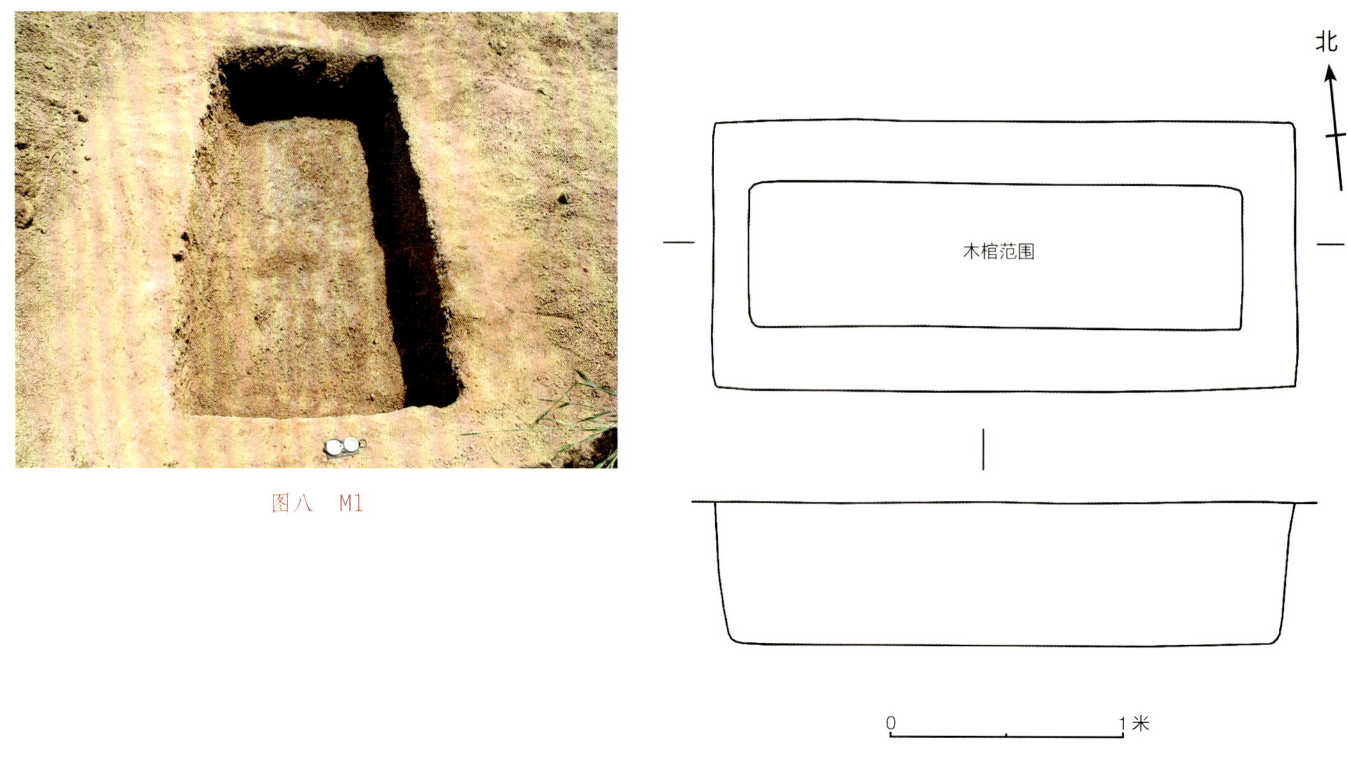

图八 M1

图九 M1平、剖面图

二、M2

（一）墓葬形制

M2位于M1南，M3东，开口于耕土层下，南北向（图一〇）。长方形岩坑竖穴砖椁墓，墓壁向内斜收严重，剖面呈倒梯形。墓口长约4、宽约2.6、墓底至墓口残深约0.6米。墓室四周以单层丁砖做砖墙椁，底部及顶部各铺砖一层，形成封闭的砖箱作为椁室。砖椁长约2.4、宽约1.45、高约1.2米，砖长0.24、宽0.12、厚0.025米（图一一）。椁室内仅一棺，棺板腐朽后，上层的砖塌陷叠压于棺底板之上。棺木已腐朽，人骨不见，仅在棺北侧发现随葬铜镜1面，未见其他随葬品。

图一〇　M2

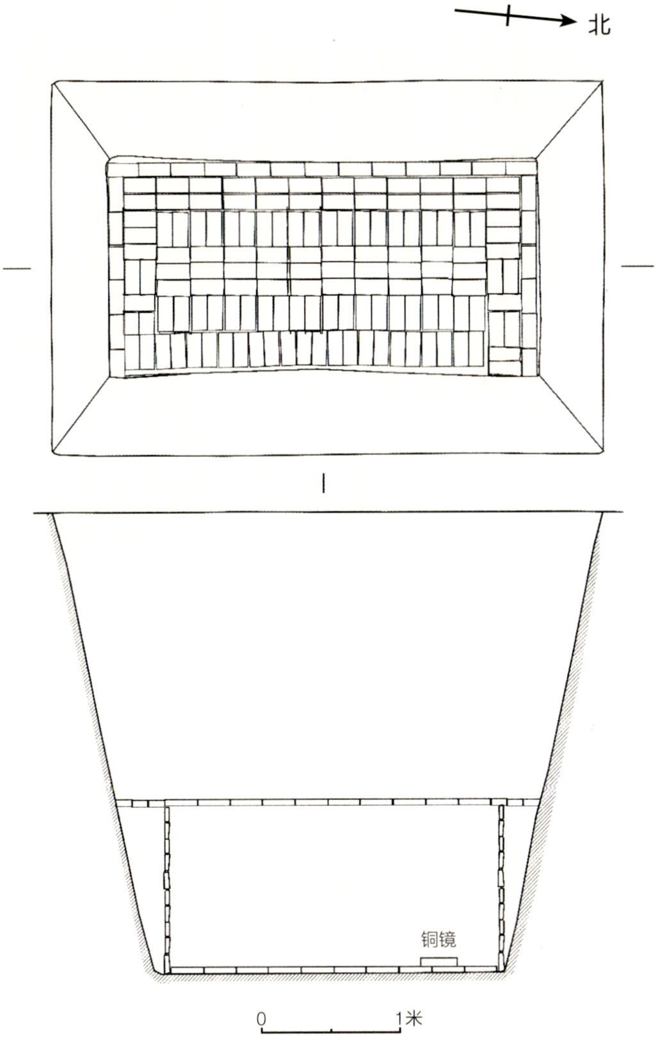

北

铜镜

0　1米

图一一　M2平、剖面图

（二）出土器物

标本M2：1，四乳龙虎纹铜镜，圆形，圆纽，四叶纹纽座。座外一周凸弦纹，其外两周细短斜线纹之间为主纹，四乳与两组龙虎纹饰间隔，首尾相连做奔跑状。素宽缘。直径14.1、缘宽1.8、厚0.5厘米（图一二、图一三）。

图一二　四乳龙虎纹铜镜（M2：1）

0　5厘米

图一三　M2出土四乳龙虎纹铜镜拓片

三、M3

（一）墓葬形制

M3位于M1南、M2西部。开口于耕土层下，近南北向，墓向355°（图一四）。长方形岩坑竖穴砖椁墓，墓壁向内斜收较多，平底，剖面呈覆斗形。墓口长约3.7、宽约2.4、墓底至墓口残深约3.6米，墓底长约2.7、宽约1.6米。以素面青砖砌椁，墓室四周以单层砖做墙椁，底部及顶部各铺砖一层，形成封闭的砖箱为椁室。砖椁长约2.6、宽约0.95、深约0.9米。砖长0.245、宽0.115、厚0.035米。棺板腐朽后，上层的砖塌陷叠压于底板之上。墓内置一棺，棺木已朽，残有棺底板，棺底发现十余块东西向底板，贴砖椁有两根南北向垫木。棺木已腐朽，据残留痕迹可知，棺长约2.1、宽约0.9米。棺内人骨不见，仅在墓室北侧发现随葬铜镜1面、"大泉五十"铜钱1枚，未见其余随葬品（图一五）。

图一四　M3

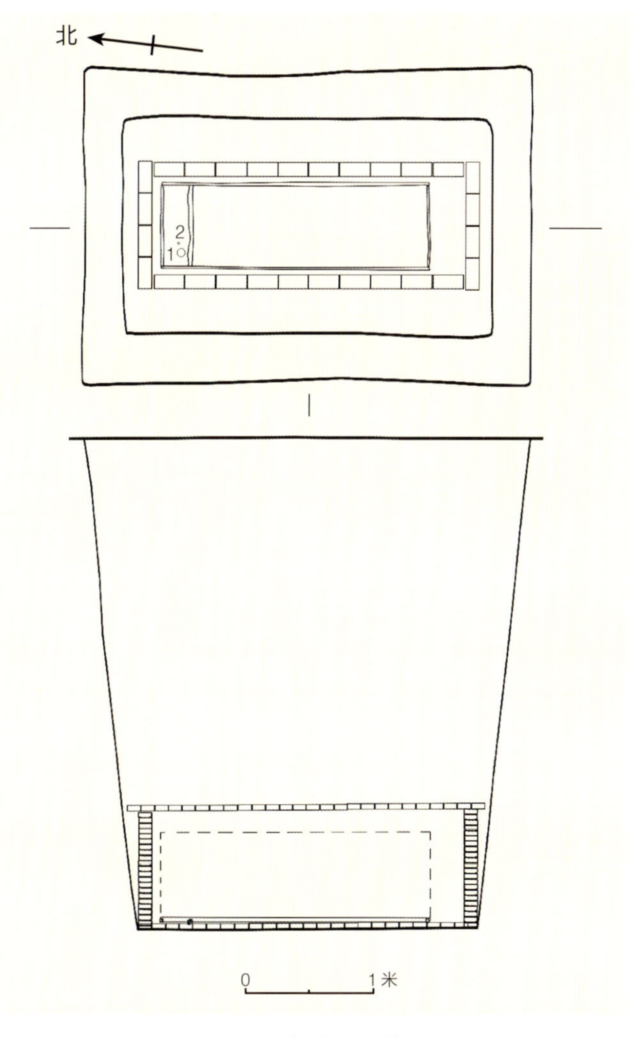

图一五　M3复原平、剖面图
1.铜镜　2.铜钱

图一六 M3出土铜镜（M3：1）

（二）出土器物

铜镜 1件。标本M3：1，日光镜，圆形，圆纽，十二连珠纹纽座，座外一周凸弦纹。其外两周短斜线纹之间为铭文“见日之光长不相忘”，字体简化，每字间隔以涡纹，素缘。直径7.2、缘宽0.4、厚0.2厘米（图一六、图一七）。

铜钱 1枚。标本M3：2，微残，“大泉五十”，郭径2.3～2.4、穿径1、厚0.1～0.15厘米（图一八）。

图一八 M3出土“大泉五十”铜钱（M3：2）

图一七 M3出土铜镜拓片（M3：1）

四、M4

M4位于F1南侧，开口于F2之下，打破F1封土。墓葬形制为瓮棺葬，近东西向（图一九）。

土坑长约1.6、宽约1、深约1.2米。瓦棺结构为上下各以数块板瓦扣合成棺，东西两头以破碎板瓦作为东西挡板，棺内人骨已不存，墓室未发现随葬品（图二〇）。

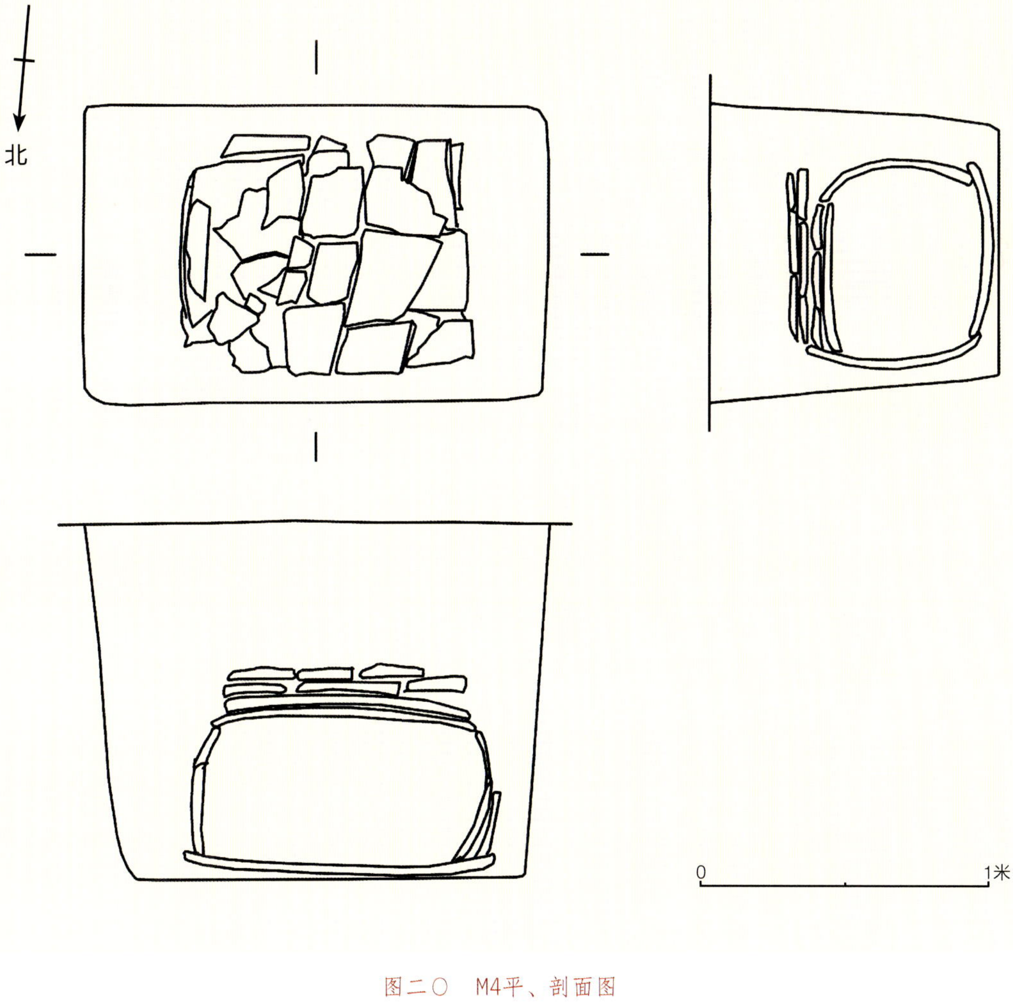

图一九　M4

图二〇　M4平、剖面图

图二一 M5

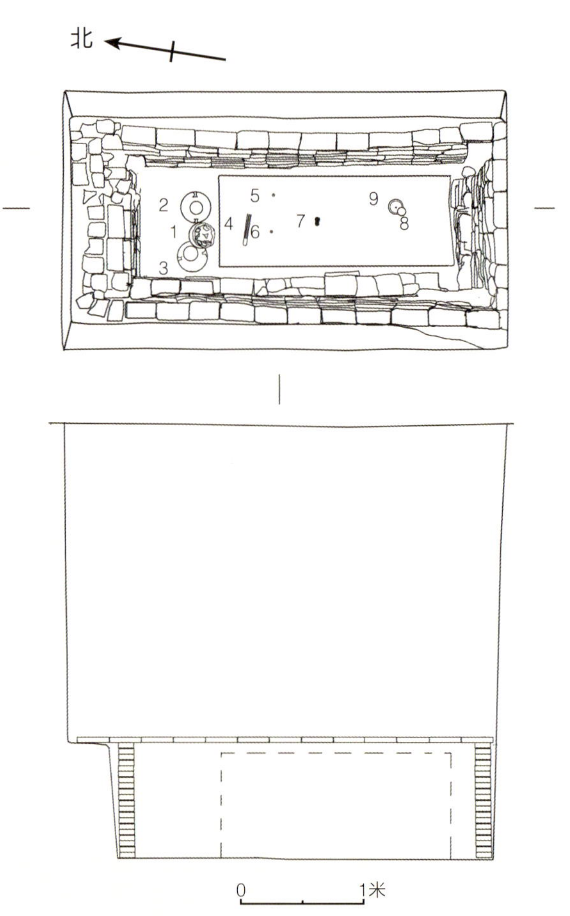

图二二 M5复原平、剖面图
1.陶罐 2、3.原始瓷壶 4.角擿 5、6.铜钱 7.残铁器 8、9.铜镜

五、M5

（一）墓葬形制

位于F2下，M6东部，南北向，墓向350°（图二一）。长方形岩坑竖穴砖椁墓，墓壁微向内斜收。墓口长约3.6、宽约2、墓底至墓口深约3.4米，墓底长约3.1、宽约1.4米。墓室北部留有二层台，二层台处作砖椁紧贴墓壁垒砌，四周以单层砖作为墙椁，顶部铺砖一层作为椁盖，底部未铺砖。砖椁长约2.7、宽约1、高约0.9米。砖长0.245、宽0.115、厚0.035米。椁内置一棺，棺北为器物箱。棺板腐朽后，上层的砖椁盖塌陷叠压于其上。根据残留灰痕，推测棺长2.1、宽0.9米。棺内人骨已腐朽不存，墓室内出土随葬器物6件。墓室北侧随葬原始青瓷壶2件及陶罐1件。棺内随葬角擿、铜钱、铜镜等器物（图二二）。

（二）出土器物

（1）陶器

1件。

陶罐　标本M5：1，夹砂灰陶。圆唇，敞口，短束颈，溜肩，鼓腹，平底。素面。口径14、底径20、腹径25.2、高24.2、厚0.6～0.8厘米（图二三；图三一，4）。

图二三　陶罐（M5：1）

（2）原始瓷器

2件。均为原始青瓷壶。

标本M5：2，尖唇，敞口，束颈，溜肩，鼓腹，矮圈足底。口沿内部、肩及上腹部施黄绿色釉，其余部分均呈现红褐色胎。口沿及颈下部均刻划波浪纹，上腹部对称贴塑双耳，人面、叶脉纹、衔环，同时还有三组凸弦纹，下腹部旋出多重瓦棱纹。口径14、底径13.4、腹径25.6、高32.6、厚0.4～0.8厘米（图二四；图三一，2）。标本M5：3，圆唇，敞口，长束颈，溜肩，鼓腹，矮圈足底。口沿内部、肩及上腹部施黄绿色釉，其余部分均呈现红褐色胎。口沿及颈下部均刻划波浪纹，上腹部贴塑对称叶脉纹双耳，腹部旋出瓦棱纹。口径14.4、底径14.4、腹径27.2、高32.6、厚0.6～1.2厘米（图二五；图三一，1）。

图二四　原始青瓷壶（M5：2）

图二五　原始青瓷壶（M5：3）

图二六　五铢铜钱（M5：6）

（3）铜钱

3枚。

标本M5：5，五铢铜钱，1枚。锈蚀严重。外郭径2.6、穿径1、厚0.15厘米。标本M5：6，五铢铜钱，2枚。锈蚀残破严重，体薄质轻，钱文难辨（图二六）。

（4）铁器

1件。

标本M5：7，残铁器，“8”字形，锈蚀残破严重，用途不明。长约10、宽约3、厚约0.8厘米（图二七）。

图二七　铁器（M5：7）

（5）铜镜

2件。

标本M5：8，日光镜，圆形，圆纽，圆纽座，纽座外一圈内向八连弧纹，纽座圆周伸出八组短斜线纹，连弧纹为有一周短斜线纹带，连弧纹与斜线纹圈带间配置变体铭文“见日之光长不相忘”，文字间隔“◇”符号。素缘凸起。直径5.7、缘宽0.25、厚0.35厘米（图二八；图三一，6）。

标本M5：9，四乳四虺镜，圆形，圆纽，圆纽座，座外四组回旋线条纹及一周凸弦纹，两组短斜线纹圈带内为主纹。主纹为四乳与四虺纹饰相间分布，四乳带圆座，四虺成钩形躯体，首尾相同，身躯外侧有变体动物纹饰。宽素缘。直径10.3、缘宽0.9、厚0.45厘米（图二九；图三一，5）。

图二八　日光铜镜（M5：8）

图二九　四乳四虺铜镜（M5：9）

（6）角器

1件。

角摘　标本M5：4，长方条形，共7齿，残断1齿，微卷缩变形。长22、宽1.2、厚0.1～0.2厘米（图三〇；图三一，3）。

图三〇　角摘（M5：4）

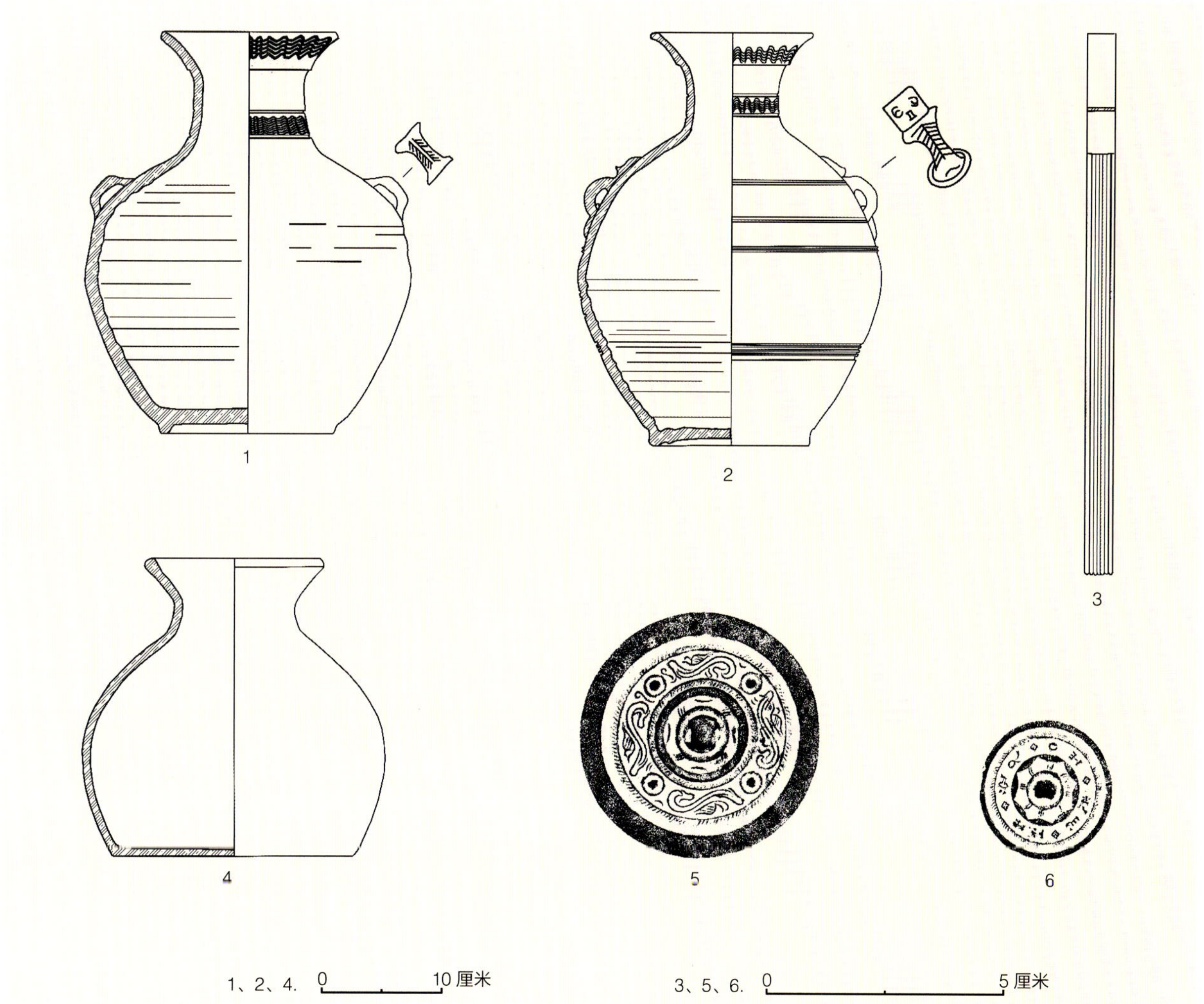

图三一　M5出土器物

1、2. 原始青瓷壶（M5：3、M5：2）　3. 角摘（M5：4）　4. 陶罐（M5：1）　5、6. 铜镜（M5：9、M5：8）

六、M6

（一）墓葬形制

M6位于F2封土南侧，平面形状为“甲”字形（图三二），墓壁内收，剖面呈覆斗形，为同冢同穴双室带墓道的封土墓，墓向184°。墓圹全长16.3、墓道长11.1米，墓室南北长5.2、东西宽5.1米（近墓道处宽4.55米）。墓道为斜坡状，近墓室处宽2.9、远端宽2.4米。墓口距今地表深约2.2、距墓底深约4.6米。墓室填土为黄褐色花土，椁室上部填深约0.3米青膏泥。该墓曾被盗掘（图三三），但盗洞未挖至椁室，因此墓葬保存完整。葬具为重棺重椁，保存基本完好。

椁，分砖椁和木椁。外为砖椁，南北长4、东西宽3.75、高2.8米。砖椁紧贴墓壁垒砌，底部平铺三层砖，四周为单砖顺缝平砌（南侧东半部为横侧立砖，每层平砌一层），顶部侧立一层砖，形成“六面包围砖椁”。砖椁上填厚约0.1米的青膏泥，膏泥上再铺砖，其上再填厚约0.3米的青膏泥，再上为混合砂岩碎末的填土。青灰色砖

图三三　M6上部盗洞

图三二　M6

长0.25～0.27、宽0.12～0.13、厚0.035～0.04米。木椁分内外两层，紧贴砖椁，南北长3.7、东西宽3.5、高约2米。东、西、北三面均用宽0.2～0.22、厚0.2～0.3米的7块木板横向拼接成墙板，南面用同等厚度的9块木板东西向竖直排列，木板上部均有榫卯相接的插口。底部南北纵向铺宽0.2～0.3、厚0.2米的13块木板作为底板，相邻底板间同样以暗榫连接。椁室中部南北纵向放置7块木板，将墓室分为东西两室。木板宽0.2～0.22、厚0.2～0.3米，木板间以暗榫扣合。内椁紧贴外椁，高约1.5米。建造方法为围绕东西棺室，四周各用厚0.07～0.08米的9块木板竖直排列，木板顶部均有榫卯相接的插口。顶部盖板为有榫卯相接的宽约0.25、厚约0.1米的木枋，根据现场塌陷情况看，原应与四周墙板相接，各组成一个“人”字形的椁顶。椁底板下为枕木，东西横向铺设宽0.2～0.33、厚0.22米的13块木板。枕木下铺砖三层（图三四）。

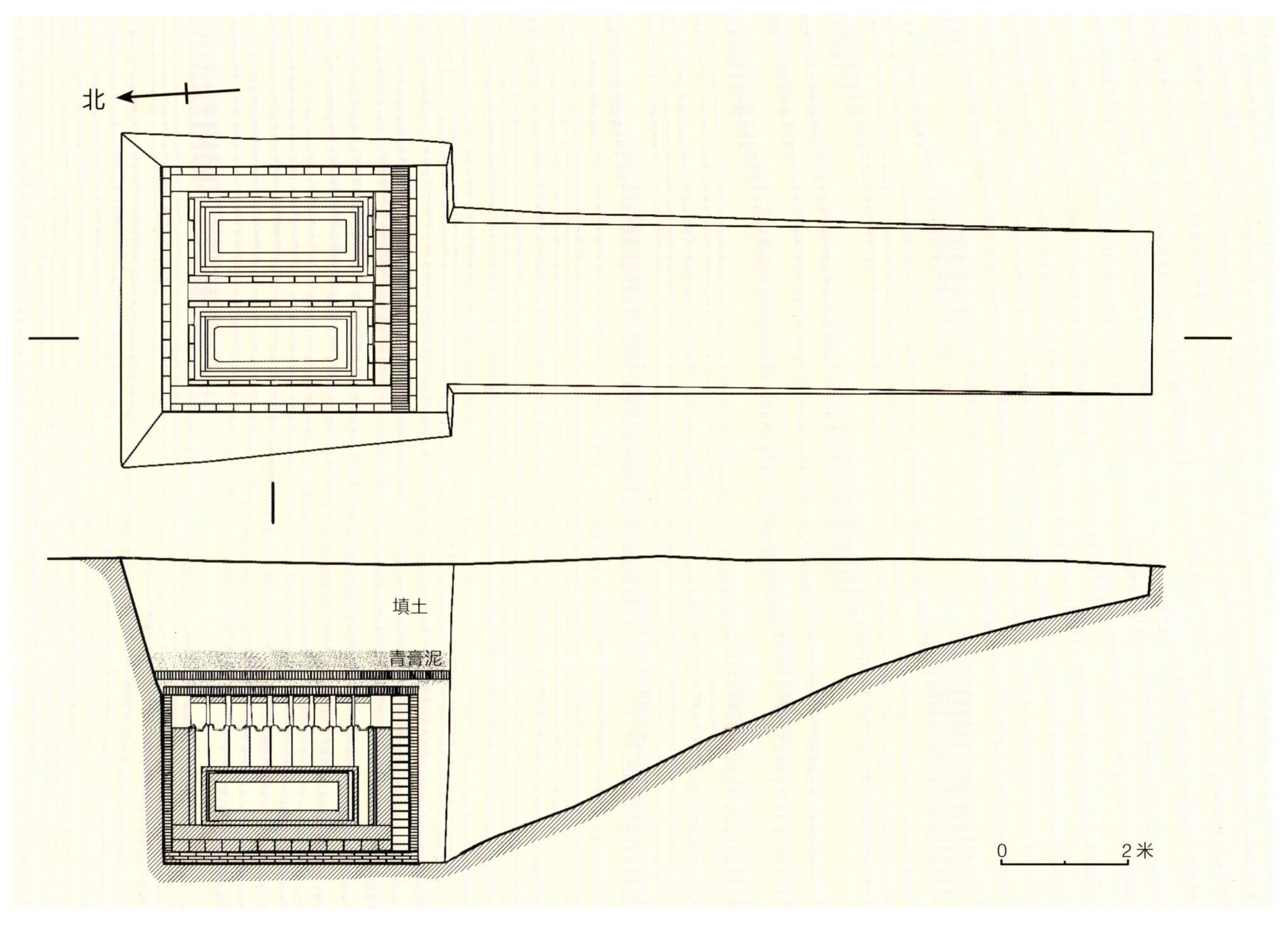

图三四　M6平、剖视图

图三五　M6外棺

棺，两具（图三五、图三六），均为重棺，木质，长方匣形，内外均髹黑漆，以榫卯相接，细腰合盖。东室外棺长2.55、宽1.08、高0.9米，内棺长2.28、宽0.74、高0.72米。西室外棺长2.44、宽0.97、高0.86米，内棺长2.22、宽0.74、高0.7米。两内棺保存良好，整体提取至室内进行了清理，出土遗物丰富，包括漆木器、玉器、铜器等遗物（图三七）。

图三六　M6内棺

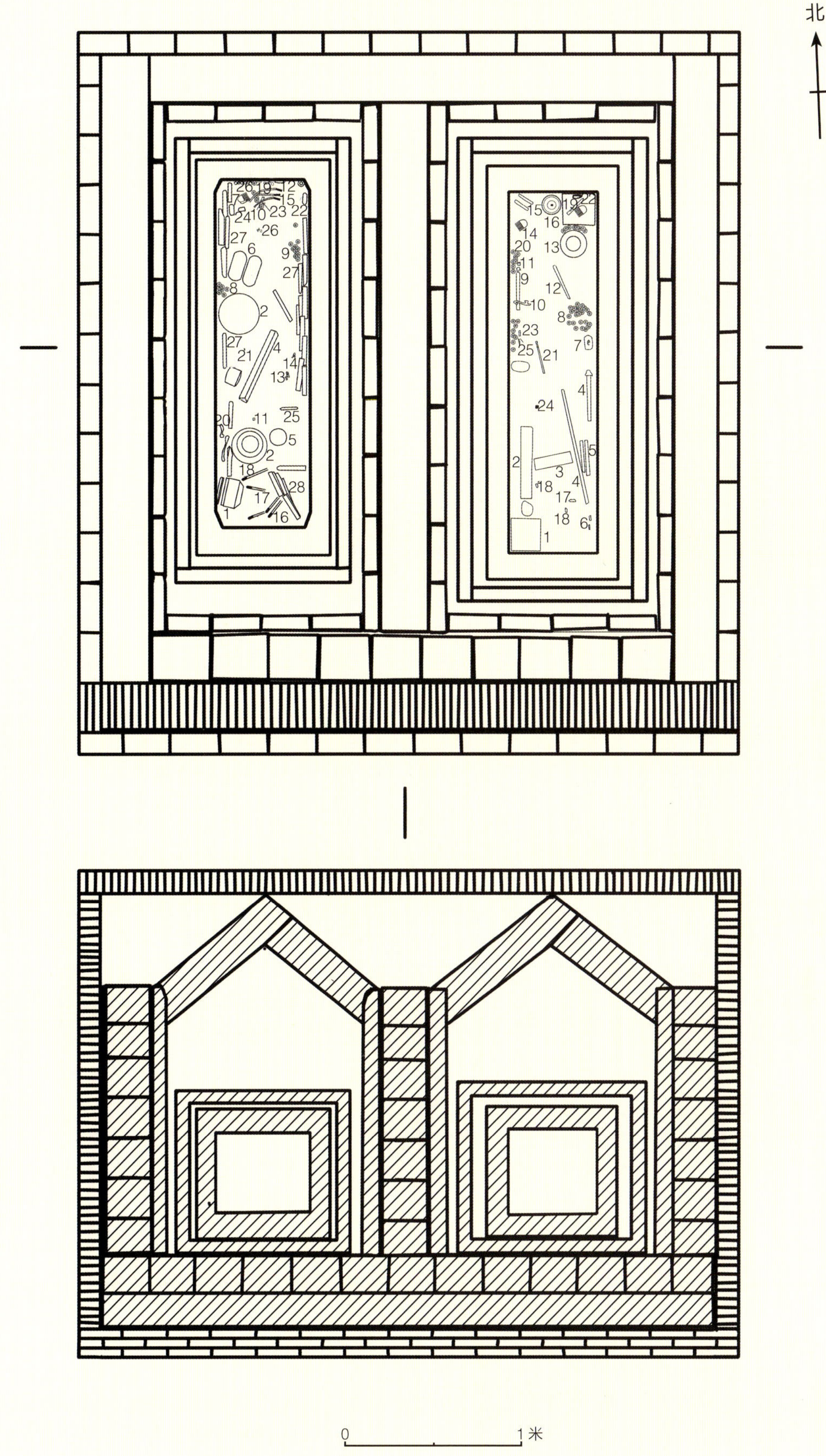

图三七　M6椁室内平、剖面图

一号棺：1.漆卮　2.木棍状器　3.木牍　4.漆鞘铁剑　5、15.木器　6、18.玉塞　7.玉佩　8、20、23.铜钱　9.铁削　10.玉带钩　11.玉印　12.木簪　13.铜鋗　14.木篦　16.铜镜　17.铜带钩　19.竹笄　21.角擿　22.琀蝉　24.木印　25.角饰品

二号棺：1.漆方盒　2.漆七子圆卮　3.漆圆盒　4.木棍状器　5.漆罐　6.漆椭圆形盒　7.木梳、篦　8～10、26.铜钱　11.铜印章　12.玛瑙珠　13.小串饰　14.琥珀饰件　15、16.角擿　17.竹钗　18.竹擿　19、20.木饰　21.角印章　22.漆器　23.漆鞘　24.漆木铜印模　25.竹管　27、28.木片

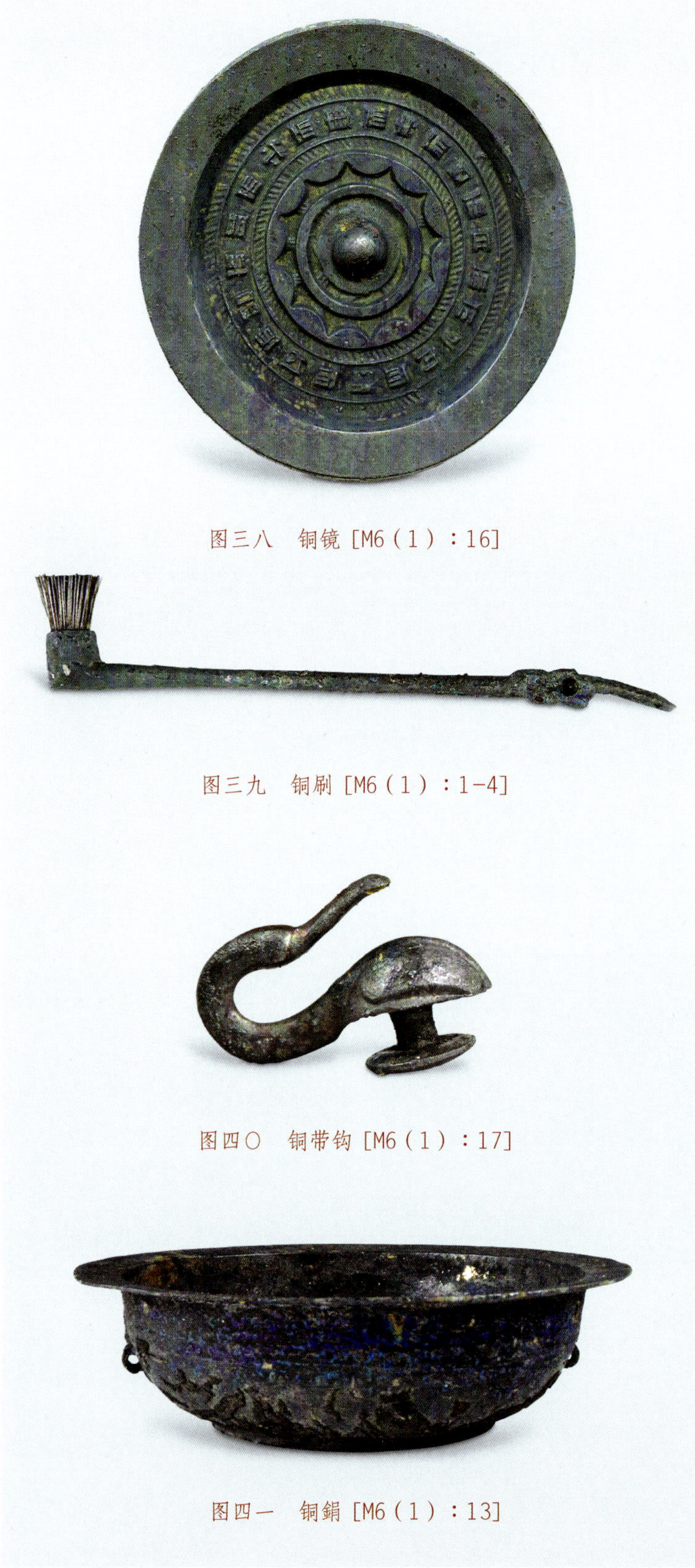

图三八　铜镜［M6（1）：16］

图三九　铜刷［M6（1）：1-4］

图四〇　铜带钩［M6（1）：17］

图四一　铜鋗［M6（1）：13］

（二）出土器物

M6器物均出土于两具木棺内，从材质分，有铜器、玉器、漆木器、陶瓷器、骨角器等。分别描述如下。

1. 一号棺

位于墓室东部，共出土铜器、铁器、玉器、骨角器、漆木器等遗物25件（套），此外，还出土有少量谷物类种子。

（1）铜器

镜　1件。标本M6（1）：16，昭明镜。圆形，圆纽，圆纽座。座外一周内向八连弧纹带，连弧纹间有简单纹饰。其外两周栉齿纹间有铭文："内而清而以而昭而明光而象而夫而日而月而不泄。"直径11.1、缘宽1.15、厚0.55厘米（图三八）。

刷　1件。标本M6（1）：1-4，烟斗状，刷毛完整，柄端呈舌状。全长11.6、刷头宽约1、刷毛长约1厘米（图三九；图四五，3）。

带钩　1件。标本M6（1）：17，鸭首形，钩首与钩体近乎等长，钩颈截面呈椭圆形，腹短而近圆形，背部钩纽为圆饼形。全长3.2、高2.15、纽直径1.2、直径0.35～0.45厘米（图四〇；图四五，4）。

鋗　1件。标本M6（1）：13，敞口、宽平沿，弧腹较深，矮圈足底。腹部有对称铺首，下腹部饰弦纹三周。器表鎏金，外部有织物包裹痕迹。口径16.4、底径8.4、高4.6、厚0.15～0.2厘米（图四一；图四五，5）。

铜钱　标本M6（1）：8，散乱放置于棺内，总数百余枚，均为五铢钱（图四二；图四五，2）。郭径2.55、穿径1、厚0.15厘米。其中还包括大量的剪轮五铢。郭径2.3～2.4，穿径1、厚0.1～0.15厘米。

（2）铁器

2件。

削　1件。标本M6（1）：9，环首鎏金，錾刻有兽首图案，扁长条形木鞘髹黑褐色漆。通长23、环首径3.5厘米（图四三；图四五，1）。

剑　1件。标本M6（1）：4，剑首残，扁条茎，凹形铜剑格，其上还有金饰，剑身铁质，修长，中脊起棱，断面呈菱形，黑褐色漆木剑鞘中部绘菱格纹。残长92厘米（图四四）。

图四二　铜钱 [M6（1）：8]

图四三　环首铁削 [M6（1）：9]

图四四 漆鞘铁剑 [M6（1）：4]

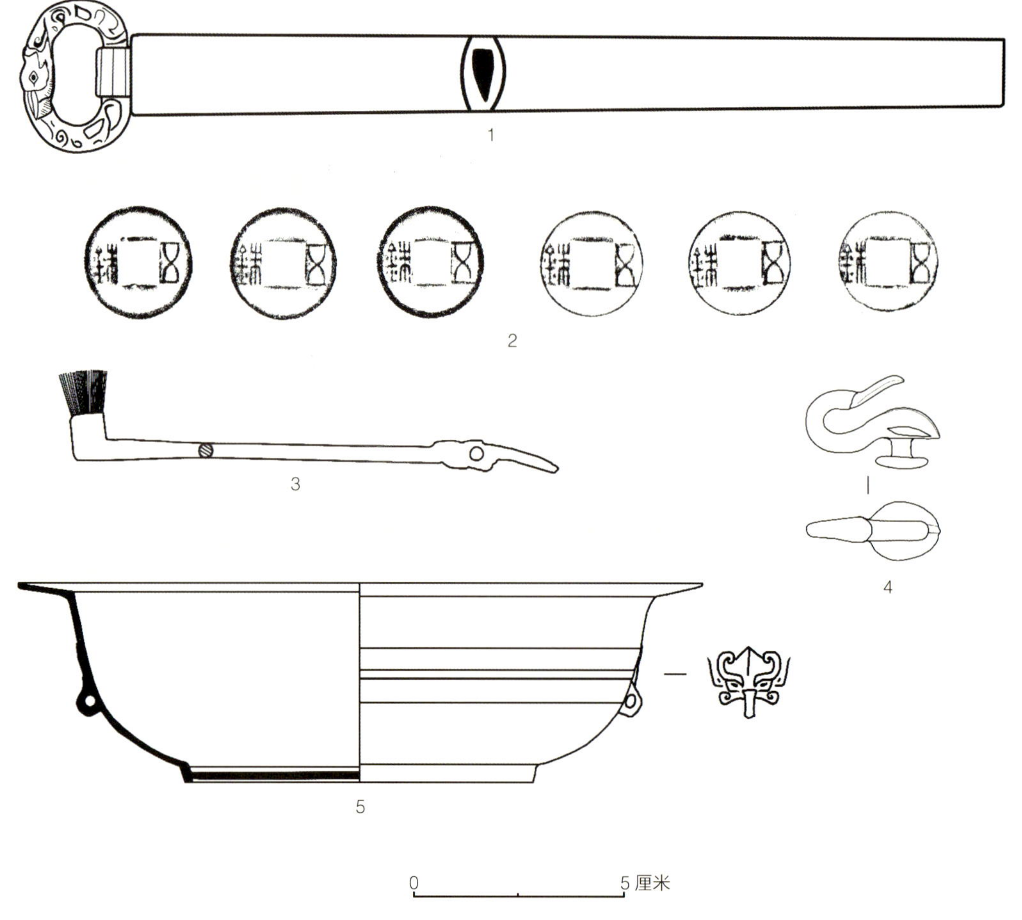

图四五 M6一号棺出土铜、铁器
1.环首铁削[M6（1）：9] 2.铜钱[M6（1）：8] 3.铜刷[M6（1）：1-4] 4.铜带钩[M6（1）：17] 5.铜銗[M6（1）：13]

（3）玉器

佩　1件。标本M6（1）：7，韘形佩，青玉质。平面椭圆，上端出尖，近似鸡心状，中有一圆孔，器体较扁薄，两侧细线阴刻及透雕螭龙纹图案。长7.4、宽5.6、厚0.35厘米（图四六；图四八，1；图五二，1）。

带钩　1件。标本M6（1）：10，青玉质。长条形，钩首兽首状，钩颈细长，钩腹宽大，钩面隆起，尾端宽平，纽为圆饼形。全长11、高1.95、尾宽2.05、颈宽0.6、厚0.35、纽宽1.4～1.55厘米（图四七；图五二，2）。

琀蝉　1件。标本M6（1）：22，白玉质。蝉形，体近扁平，弧背、平腹，周边削薄。正面阴刻出双翼、头、眼线条，背面刻嘴、眼和腹部节纹等。长6.1、宽3.2、最厚0.6厘米（图四八，2；图四九；图五二，5）。

印　1件。标本M6（1）：11，白玉质。方形，盝顶，无款，截面为梯形，顶部有穿孔。边长2.1、高1.55厘米（图五〇；图五二，4）。

塞　4件。标本M6（1）：6，白玉质。2枚。八棱柱状体。长2.3、上底长0.75～0.85、下底边长0.85～0.9厘米（图五二，3）。M6（1）：18，2枚。八棱柱状体，长宽大小与M6（1）：6基本相同（图五一）。

图四六　玉佩［M6（1）：7］

图四七　玉带钩［M6（1）：10］

图四八　M6出土玉器拓片

1.玉佩[M6（1）：7]　2.白玉琀蝉[M6（1）：22]

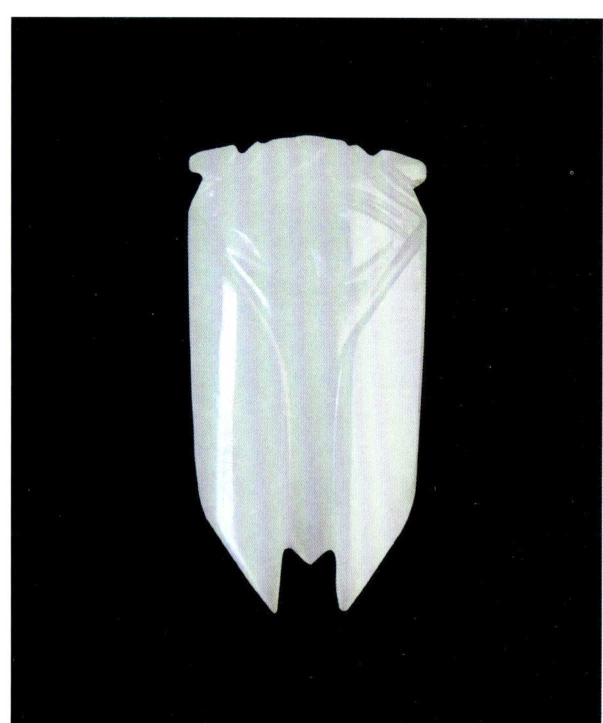

图四九　玉琀蝉 [M6（1）：22]

图五〇　玉印 [M6（1）：11]

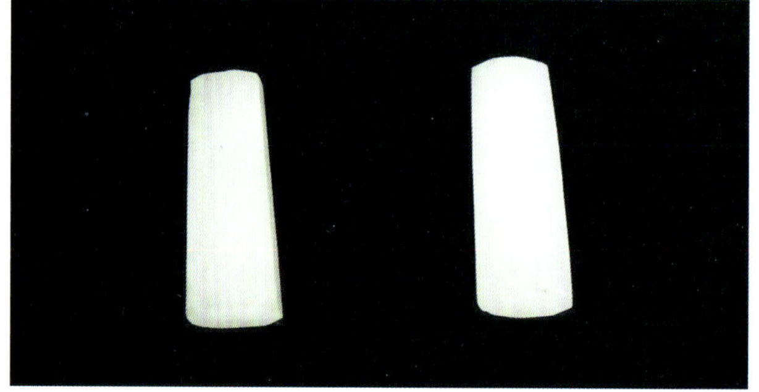

图五一　玉塞 [M6（1）：18]

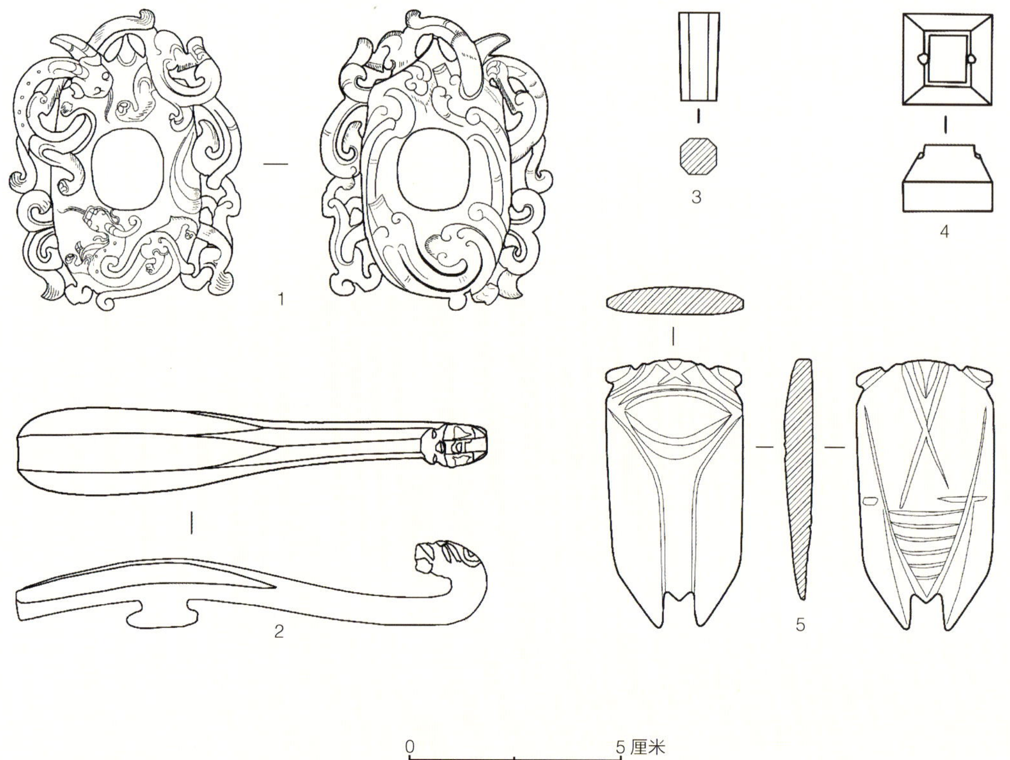

图五二　M6一号棺出土玉器

1.佩[M6（1）：7]　2.带钩[M6（1）：10]　3.塞[M6（1）：6]　4.印[M6（1）：11]　5.琀蝉[M6（1）：22]

（4）骨角器

6件。包括擿和饰品。

角擿　2件。形制相同，长方条形，有七根细密长齿。标本M6（1）：21，全长21.8、宽0.8、厚0.1厘米。

角饰品　4件。标本M6（1）：25。玳瑁质。均有穿孔，1～3号形制相同，长方条形，头端铲形，柄端穿孔。1号全长4.4、厚0.15～0.25厘米；2号全长4.25、厚0.2～0.3厘米；3号全长3.8、厚0.15～0.2厘米；4号头端尖首刀形，柄端穿孔，全长2.7、厚约0.3厘米（图五三）。

（5）漆木器

8件（套）。有木牍、梳篦、棍状器、印、漆奁等。

木牍　1件。标本M6（1）：3，长23、宽7、厚0.7厘米。木牍两面均有墨写隶书文字，记载随葬器物，属于遣册（图五四）。其录文（图五五）为：

图五三　角饰品［M6（1）：25］

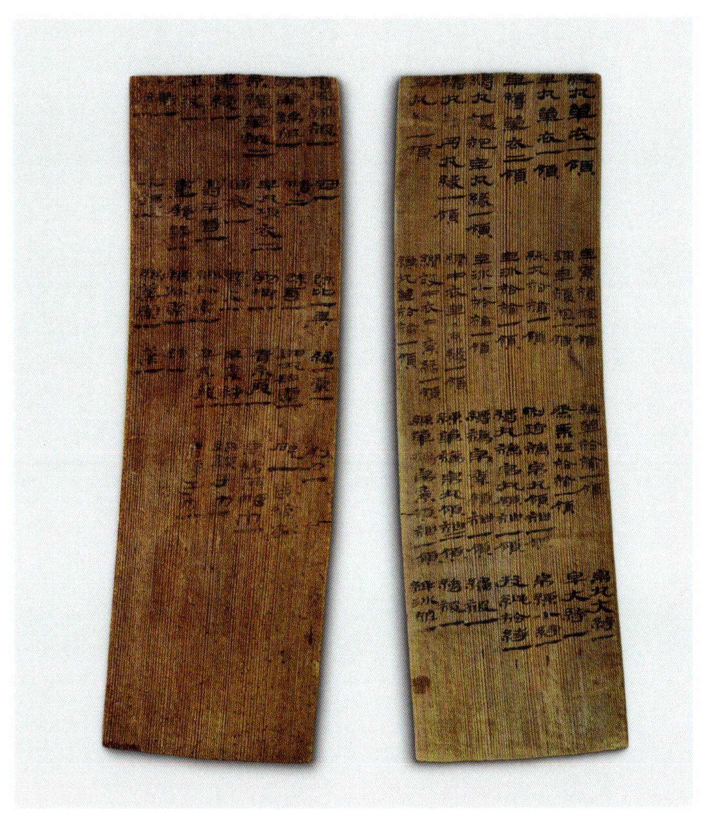

图五四　遣册［M6（1）：3］

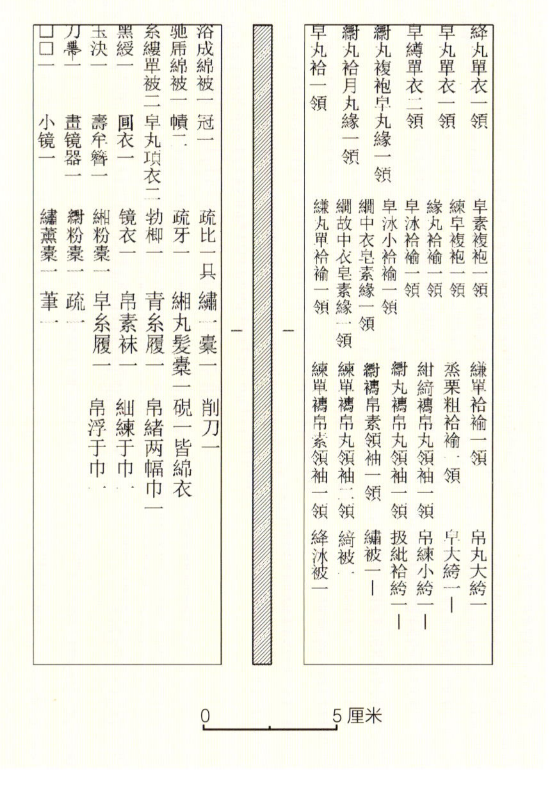

图五五　遣册两面录文

一面：

“绛丸（纨）單（单）衣一領，皁（皂）丸單衣一領，皁縳單衣二领，縹（缥）丸複袍皁丸緣一領，縹丸袷月丸緣一領，皁丸袷一領；

皁素複袍一領，練皁複袍一領，緣丸袷褕一領，皁冰（冰）袷褕一領，皁冰小袷褕一領，綢中衣皂素緣一領，綢故中衣皂素緣一領，縑丸單袷褕一領；

縑單袷褕一領；烝栗粗袷褕一領，紺綺（绮）襦（襦）帛丸領袖一領，縹丸襦帛丸領袖一領，縹襦帛素領袖一領，練單襦帛丸領袖二領，練單襦帛素領袖一領；

帛丸大絝一，皁大絝一丨，帛練小絝一丨，扱紕袷絝一丨，繡（绣）被一丨，綺被一，絳冰被一”

另一面：

“浴成綿被一，驰虒（虎）綿被一，糸縷單被二，黑綬一，玉決（决）一，刀帶（带）一，□□一；

冠一，幘二，皁丸項衣二，亘（回）衣一，壽牟簪一，畫镜器一，小镜一；

疏（梳）比（篦）一具，疏牙一，勃枷（枷）一，镜衣一，緗粉橐一，縹粉橐一，繡薰橐一；

繡一橐一，緗丸髮橐一，青糸履一，帛素緂一，皁糸履一，疏一，葦（筆）一；

削刀一，硯一皆綿衣，帛緒两幅巾一；細練于巾一，帛浮于巾一”

图五六　木篦［M6（1）：14］

木梳、篦　两套，共4件。

一套3件，出土于漆奁内。形制及大小相同，梳、篦背皆为半圆形，边缘稍薄，中间微鼓。齿的数量、疏密程度不一，两侧齿较粗。标本M6（1）：14，木篦，篦背为半圆形，边缘稍薄，中间微鼓，两侧齿较粗。59齿，残剩23齿。长8.2、宽6.5、厚0.5厘米（图五六）。

标本M6（1）：1-1，木篦，共111齿，外侧残断1齿。长8、宽6.5、厚0.1～0.7厘米。标本M6（1）：1-2，木篦，共87齿。长8.1、宽6.9、厚0.1～0.5厘米。标本M6（1）：1-3，木梳，共15齿。长8.2、宽6.8、厚0.2～0.6厘米（图五七）。

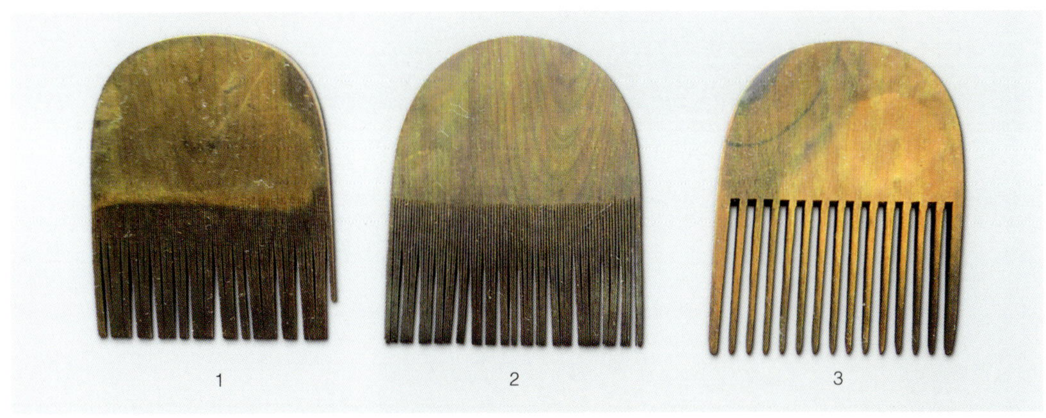

图五七　木梳、篦
1.M6（1）：1-1　2.M6（1）：1-2　3.M6（1）：1-3

木器　3件。标本M6（1）：15，2件，短木棍，中间略粗，两头较细（图五八）。①长12.8厘米，中间径1.8、两头径约为1.5厘米；②长12.5厘米，中间径1.75、两头径1.5厘米。木簪，1件。标本M6（1）：12，长12、厚0.15厘米。竹笄，1件。标本M6（1）：19，竹质，长扁竹条，尖首。长21.8、宽1.2、厚0.15厘米。

漆奁，1件。标本M6（1）：1，薄木胎，由盒、盖两部分组成，奁内放有木梳篦一套3件。外髹褐漆，内髹红漆。盒为长方匣形，底部素面，四角镶嵌有铜乳钉足。盒身上下边有红漆弦纹及变体几何纹带，盒中部以红、绿、银灰色漆等绘主体纹饰，云气纹间杂以羽人珍禽瑞兽等图案（图五九），盒内壁近口沿部分黑漆绘几何纹带，底

图五八　木器［M6（1）：15］

图五九　漆奁［M6（1）：1］

图六〇　内底［M6（1）：1］

部黑漆变体几何纹框内绘云气纹，云气纹间同样杂以羽人珍禽瑞兽等（图六〇）。边长17.4、高11、厚0.4厘米。盖为盝顶（图六一），盖顶四角各镶嵌一铜乳钉，盖顶及盖身同样是变体几何纹带，主体纹饰绘云气纹杂以羽人珍禽瑞兽等图案（图六二）。盖内壁口沿部分绘黑漆几何纹条带，内壁顶部图案与外壁顶部相同，以黑漆绘变体几何纹带及云气羽人珍禽瑞兽等纹饰（图六三）。边长18.8、高10.9、盝顶边长11.4、总高13.8厘米（图六四）。

图六一　盖顶［M6（1）：1］

图六二 盖身 [M6（1）：1]

图六三 盖内顶 [M6（1）：1]

A

B

A ↓

B ↑

C ↓

C

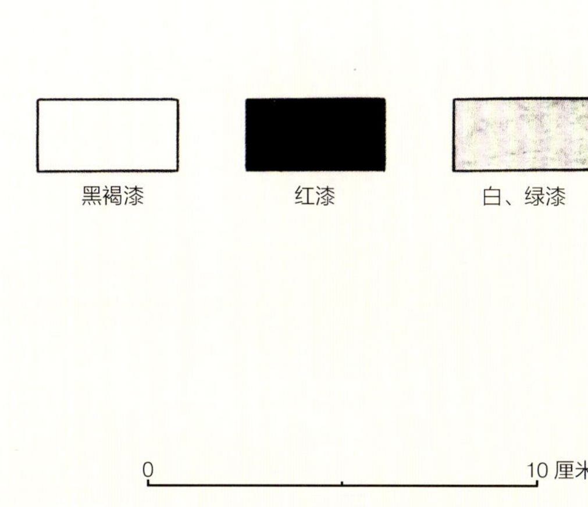

图六四　漆奁［M6（1）：1］

木棍状器　1件。标本M6（1）：2，剖面呈马蹄形，中有小穿孔，疑似为枕。长39.4、宽4.5、高3.8、穿孔径0.4厘米（图六五）。

木印　1件。标本M6（1）：24，方形，桥纽，阴刻篆字印文“刘林”。长1.5、宽1.5、印总高1.5厘米（图六六、图六七）。

图六五　木棍状器 [M6（1）：2]

图六六　木印 [M6（1）：24]

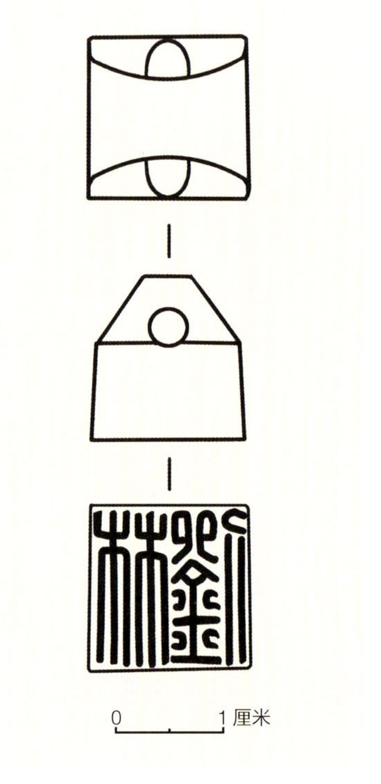

图六七　木印 [M6（1）：24]

2. 二号棺

位于M6西部，共出土铜、铁、玉、漆木器共28件（套）。

（1）铜器

镜　2件。

标本M6（2）：2-2，四乳蟠虺镜。保存完好，放于七子圆奁母奁底部。出土时光亮若新，明可鉴人。圆形，圆纽，并蒂连珠纹纽座。座外一周栉齿纹及一凸弦纹。其外两周栉齿纹间为主纹，主纹为四乳及四虺纹饰环绕。四乳带纽座，四虺成钩形躯体。钩外侧伸出青龙、白虎头颈部，四虺内外两侧饰较复杂的鸟类等图案。直径18.9、缘宽1.6、厚0.7厘米（图六八；图七四，1）。

标本M6（2）：3-2，昭明连弧铭带镜，放于七子奁圆奁内。圆形，圆纽，圆纽座。座外一周内向八连弧纹带，连弧纹间有简单纹饰。其外两周栉齿纹间有铭文："内而青而以而昭而光而象夫日之月而不泄。"直径8.9、缘宽1.1、厚0.45厘米（图六九；图七四，2）。

图六八　铜镜［M6（2）：2-2］

图六九　铜镜［M6（2）：3-2］

印章　1件。标本M6（2）：11，龟纽，四肢较长，龟首上昂。印章有织物包裹痕迹，阴刻篆字印文“吴眇容印”四字。印高1.1、底边长0.92厘米（图七〇；图七四，4）。

銗　1件。标本M6（2）：2-3，敞口、宽平沿，弧腹较深，矮圈足底。腹有腰沿，并饰有对称兽面衔环铺首。器物通体鎏金，盆内錾刻云气纹等图案。盆外腰沿上部錾刻连弧纹，下部錾刻锯齿纹一周。其上下再分别錾刻云纹。口径18、底径9.2、高5.8、厚0.1～0.2厘米（图七一；图七四，6）。

漆木铜印模　1件。标本M6（2）：24，呈中间宽，两端略窄的长方形，顶端略呈弧形。铜片构成的花纹嵌进木头一端内。通长6.2、铜片伸出长0.85、铜片宽3.1、尾端宽3.1、高1.9、最高处2.25厘米（图七二；图七四，5）。

刷　共4件，M6（2）：6-6-1、2、3、4，均出土于七子奁中的漆长方形奁盒内（图七三；图七四，3、7～9）。

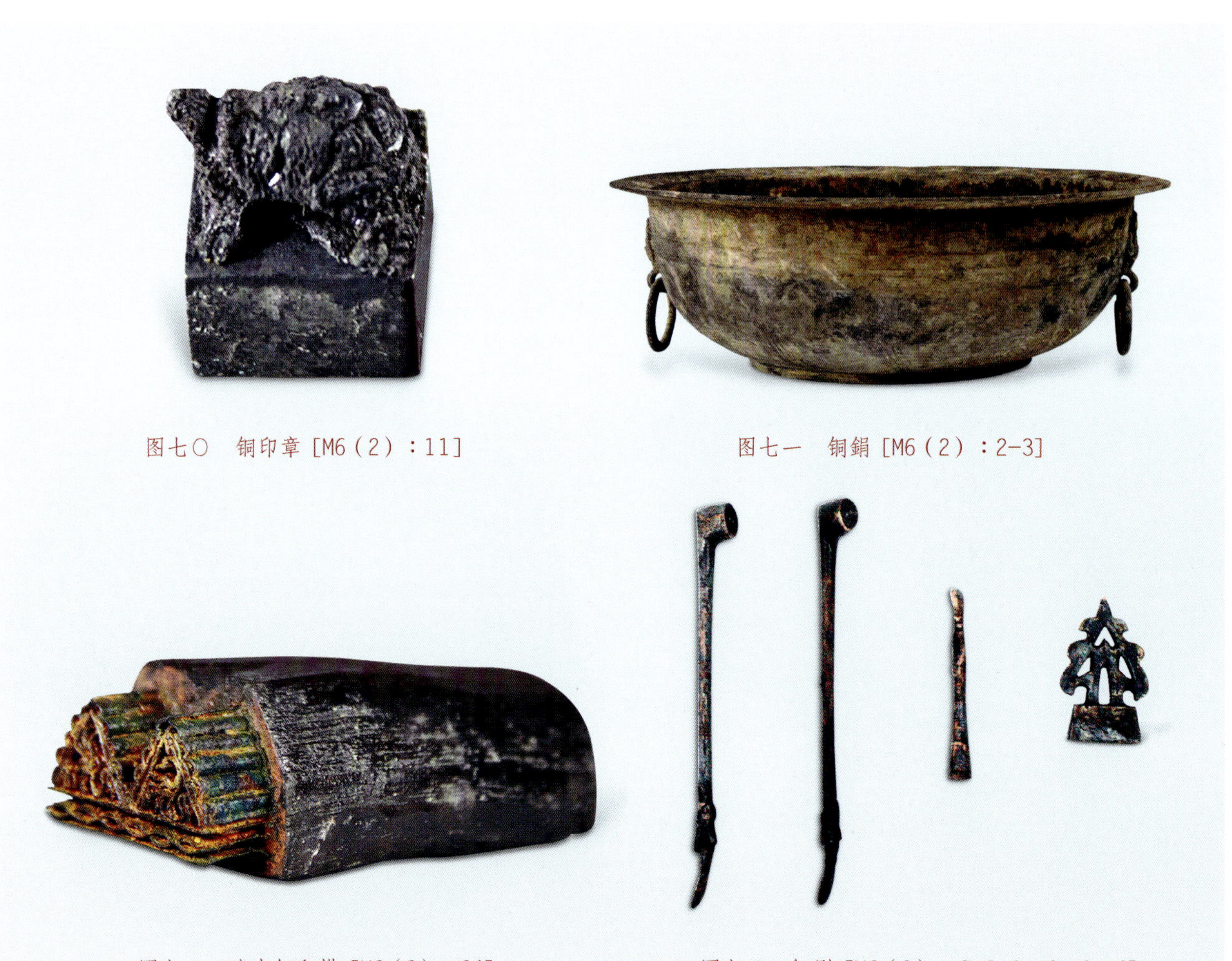

图七〇　铜印章 [M6（2）：11]

图七一　铜銗 [M6（2）：2-3]

图七二　漆木铜印模 [M6（2）：24]

图七三　铜刷 [M6（2）：6-6-1、2、3、4]

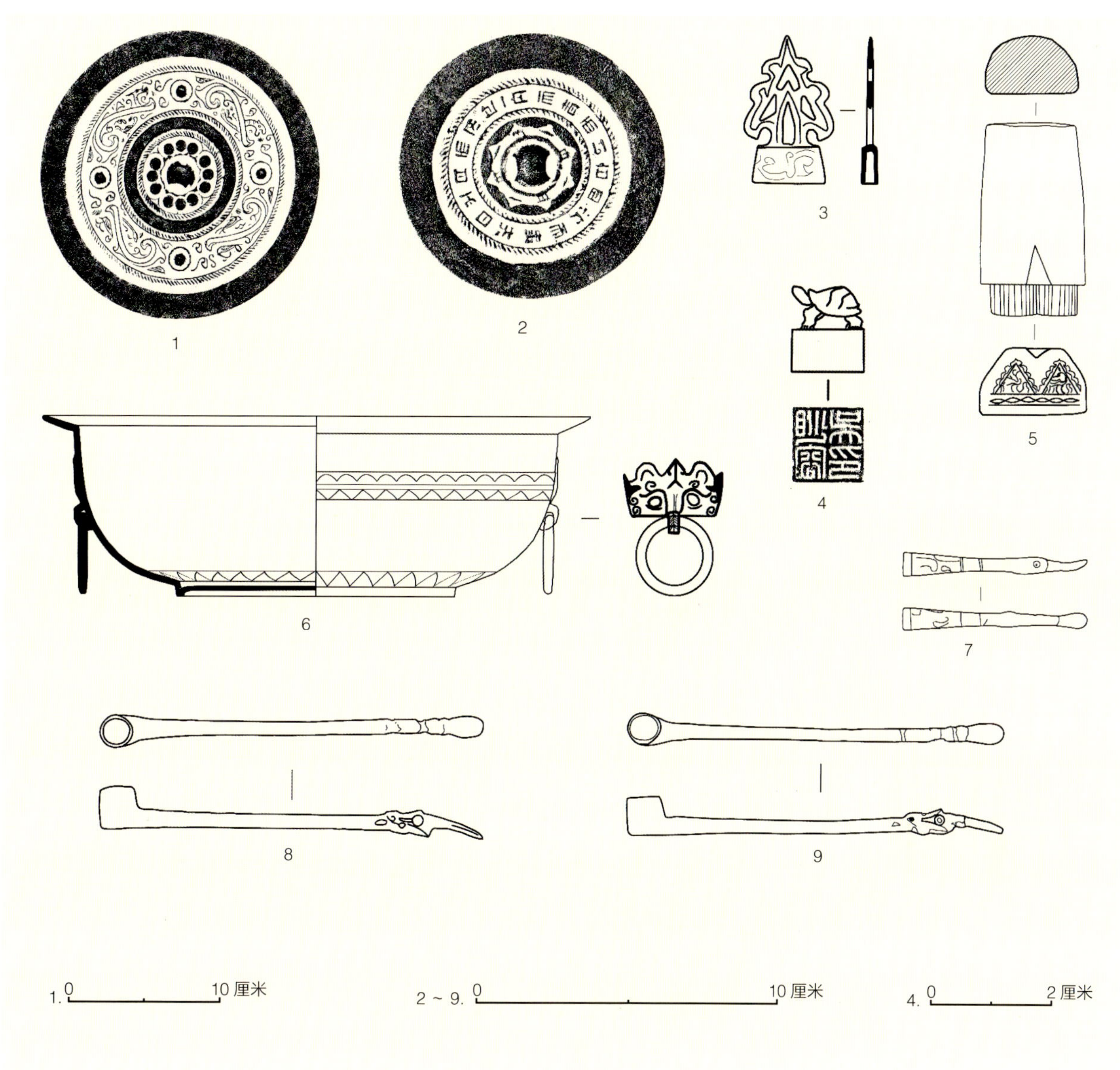

图七四　M6二号棺出土铜器

1、2.铜镜[M6（2）：2-2、M6（2）：3-2]　3、7～9.铜刷[M6（2）：6-6-1、2、3、4]　4.印章[M6（2）：11]
5.漆木铜印模[M6（2）：24]　6.鋗[M6（2）：2-3]

1号器　圆管曲尺形，烟斗状。器表錾刻有纹饰。细长柄，两端较粗，截面呈扁圆形，柄端做兽首状，吐舌上翘。斗呈圆形，残存刷毛痕迹。长12.6厘米（图七四，8）。2号器与1号器形制相同，长12.6厘米，刷柄略呈椭圆形，径0.45～0.5厘米（图七四，9）。3号器呈长棍状，器表錾刻纹饰。柄端做鸭首状。刷端较粗，圆形，残存刷毛痕迹。长6、刷端径0.7厘米（图七四，7）。4号器扁平，器表錾刻纹饰。刷柄为三角形饰，刷端扁平梯形状，残存刷毛痕迹。高4.7、最宽2.9、厚0.1～0.45厘米（图七四，3）。

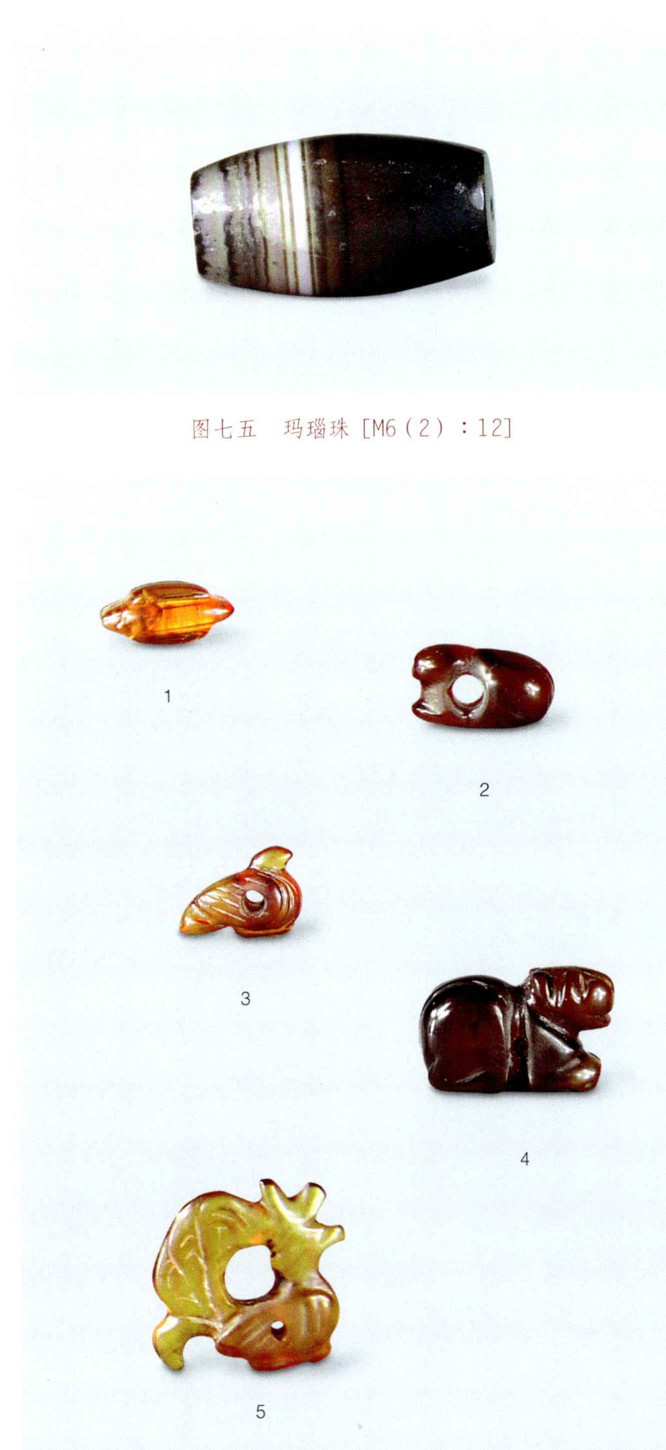

图七五　玛瑙珠［M6（2）：12］

图七六　琥珀饰件［M6（2）：14］

（2）玛瑙琥珀饰品

6件。有玛瑙珠和琥珀饰件。

玛瑙珠　1件。标本M6（2）：12，纺锤形，中间有穿孔，器身条带纹。长2.45、中间最宽1.3、两端径0.8～0.9、孔径0.2厘米（图七五）。

琥珀饰件　共5件，标本M6（2）：14，均有穿孔，可穿系。1号，橘黄色，蝶形，长1.35、宽0.85、厚约0.75厘米；2号，红棕色，哑铃形，长1.25、宽0.9、厚约0.55厘米；3号，橘黄色，鸠鸟形，长1.2、宽0.7、高0.8厘米；4号，红棕色，狮形，张嘴俯伏形，长1.85、宽1.05、高1.1厘米；5号，橘黄色，雄鸡形，长3.2、宽1.95、高2厘米（图七六）。

（3）角器

印章　1枚。标本M6（2）：21，平面呈梯形。上边长0.55、厚0.15厘米，下边长0.9、厚0.35厘米，高2.3、孔径0.4厘米。阴刻篆字印文“屈淮”二字（图七七、图七八）。

梳、篦　1套3件。玳瑁质。器呈马蹄形。梳背有一周红色漆皮，大小及形制基本相同，齿的数量及疏密不同，两侧齿较粗。标本M6（2）：2-12-4，角梳1件，12齿。长6.1、宽4.7、梳背厚0.5厘米。标本M6（2）：2-12-5，27齿。长6.5、宽4.7、梳背厚0.45厘米。标本M6（2）：2-12-6，角篦1件，76齿。长6、宽4.5、篦背厚0.5厘米（图七九、图八〇）。

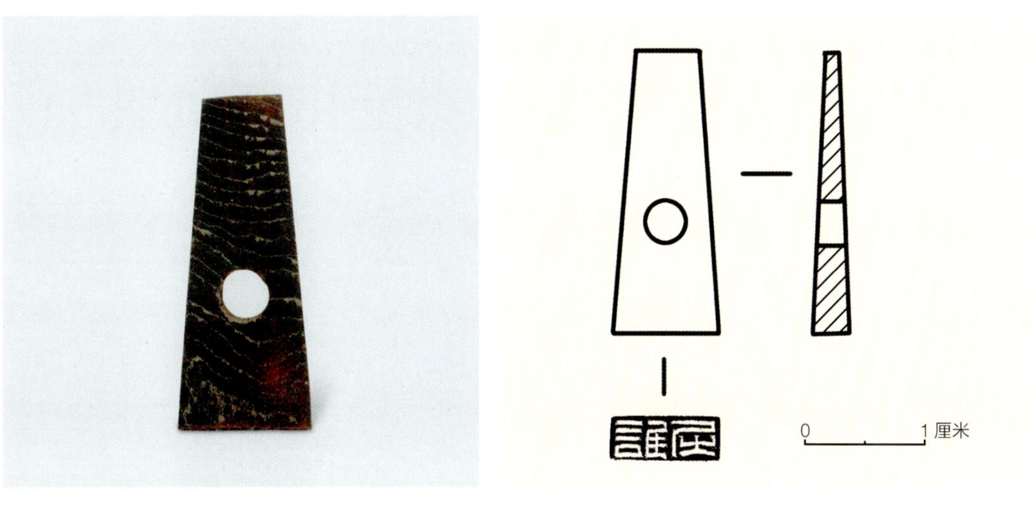

图七七　角印章［M6（2）：21］

图七八　角印章［M6（2）：21］

图七九　角梳篦［M6（2）：2-12-4、5、6］

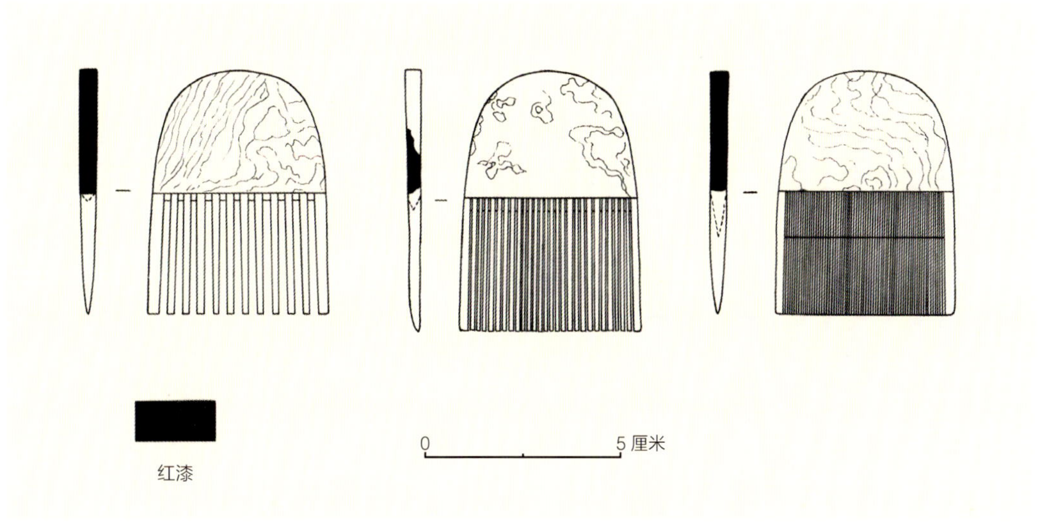

图八〇　角梳、篦［M6（2）：2-12-4、5、6］

角擿　共2套12件。

标本M6（2）：15，一套6件，大小及形制基本相同。玳瑁质地，2齿4件、7齿2件，出土时均弯曲变形（图八一）。1号，7齿，通长31.2、宽1.5、厚0.25厘米。2号，7齿，通长31.6、宽1.7、厚0.25厘米。3号，2齿，通长18.5、宽1.5、厚0.15厘米。4号，2齿，通长29.2、宽1.7、厚0.25厘米；齿为椭圆形，厚0.45～0.55厘米。5号，2齿，通长24.6、宽1.5、厚0.15厘米；齿微椭圆形，厚0.45～0.55厘米，至尖端趋薄，约0.2厘米。6号，2齿，通长23.2、宽1.4、厚0.15厘米；齿为椭圆形，厚0.45～0.55厘米，至尖端趋薄，约0.25厘米。

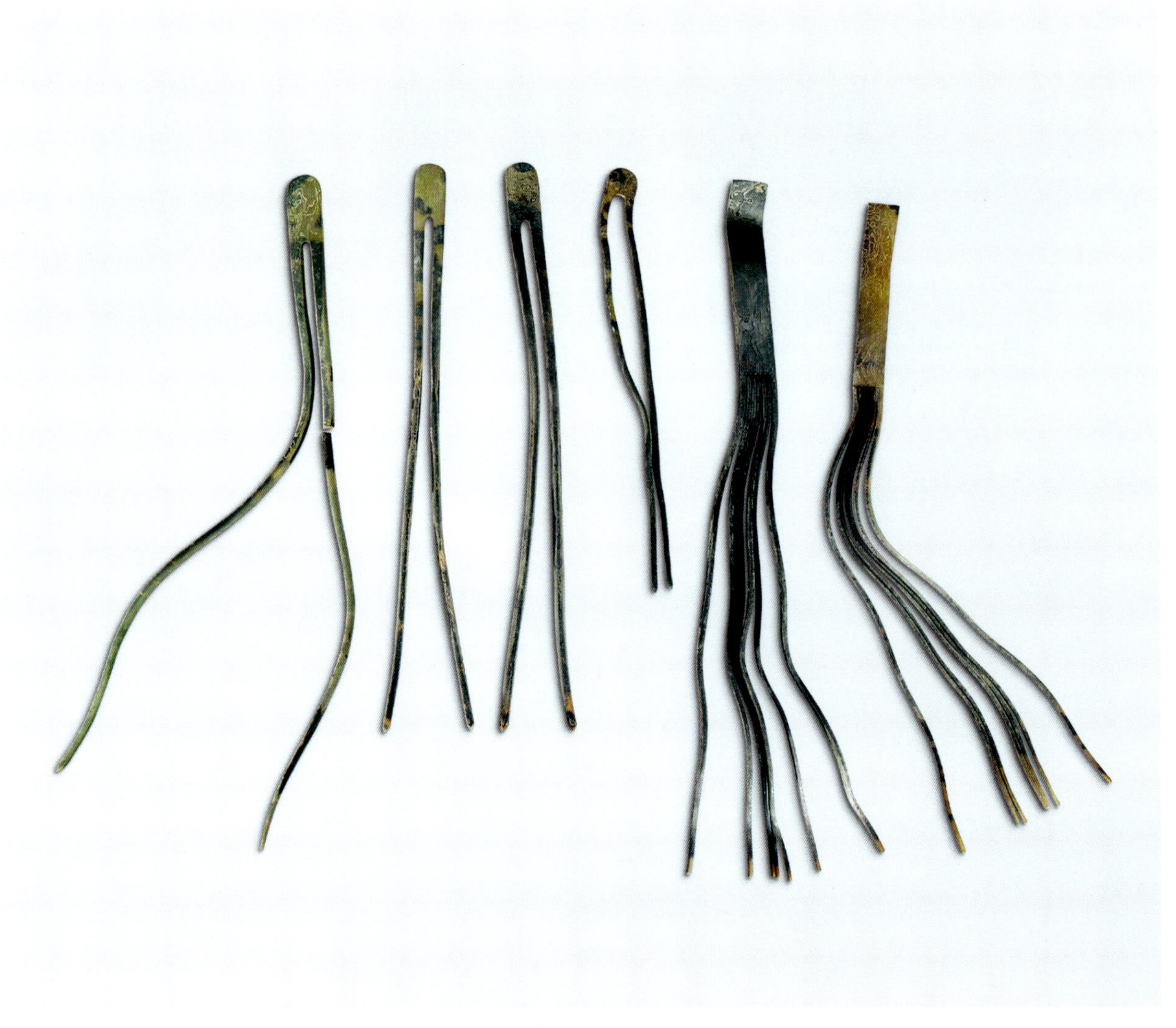

图八一　角擿［M6（2）：15］

图八二　角擿 [M6（2）：16]

标本M6（2）：16，一套6件，大小及形制基本相同。角质，长方形，开7齿（图八二）。1号，通长18.6、宽1.5、厚0.1～0.15厘米；2号，通长18.6、宽1.5、厚0.1～0.2厘米；3号，通长19.8、宽2.1～2.3、厚0.1～0.3厘米；4号，通长18.7、宽1～1.35、厚0.1～0.15厘米；5号，通长19.8、宽1～1.3、厚0.1～0.3厘米；6号，通长18.7、宽1～1.35、厚0.1～0.15厘米。

图八三　长方形木片 [M6（2）：27]

（4）漆、木、竹器

长方形薄木片，共27片，标本M6（2）：27，大小及形制基本相同，制作规整，头端圆弧，尾端平直，没有墨书痕迹（图八三）。1号，长25.1、平端宽4.1、末端宽3.7、厚0.15～0.45厘米；2号，长20.8、平端宽3.7、末端宽3.3、厚0.2～0.6厘米；3号，长21、平端宽3.5、末端宽3、厚0.2～0.5厘米。

漆方盒　1件。标本M6（2）：1，套盒，除盖、盒外，中间有一夹层。薄木胎，器内施红色漆，器身施黑褐色漆（图八四）。盖，盝顶，顶部红漆为地，方形黑框内绘黑褐色云气纹，云气纹间有黄色、银灰色漆绘珍禽瑞兽图案，盖顶四面坡及盖身构图

图八四　漆方盒 [M6（2）：1]

一致，上下均有一周红色变体几何纹框，中间主体纹饰是红彩绘制云气纹及云气纹间由红、白、绿三彩绘制的羽人、珍禽瑞兽等纹饰（图八五）。盒身中间有红色弦纹一道，近底部及底部各有红色变体几何纹饰一周，边长13.4、高8、厚0.4厘米；通高9.4、边长14.4～14.6、厚0.3厘米。夹层中间对分，对分一面再对分，共分为三部分，口沿部分有红色三角纹饰，器身有红色弦纹数条。高3.6、口沿边长13.4、底部边长12.6厘米（图八六）。

图八五　盖顶［M6（2）：1］

A
A ↓
B ↓

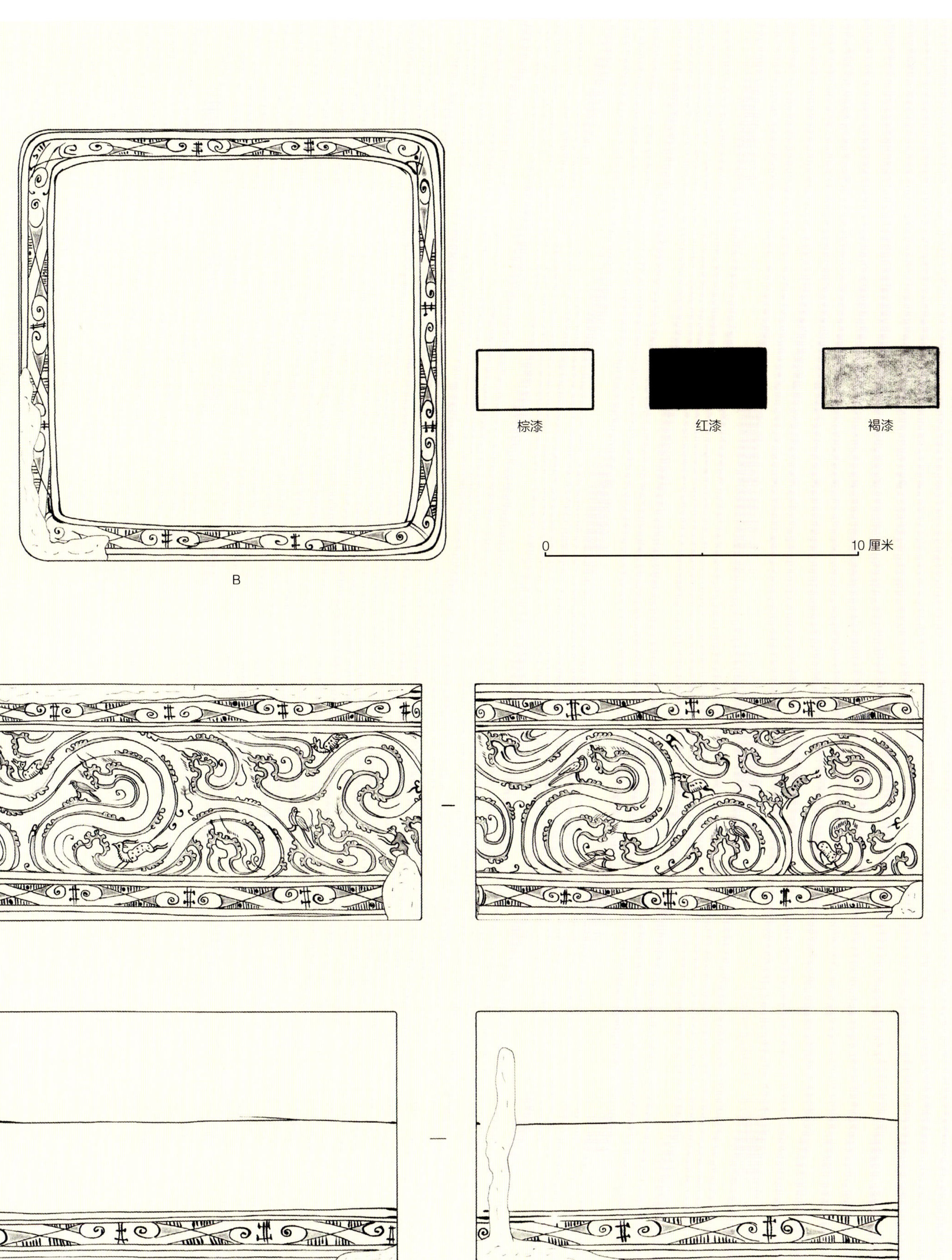

图八六　漆方盒 [M6（2）：1]

漆罐　1件。标本M6（2）：5，木胎，器内施红色漆，器身施褐色漆（图八七）。圆形盖顶部一只圆形捉手。盖表施褐色漆，顶部有红彩四瓣柿蒂纹，其余部分为几何弦纹带内针刻变体云纹，盖内部施红漆，并有墨书“十目”二字（图八八）。罐口部残缺，矮领，溜肩，球形腹部对称环形双耳，圜底，底部三足残。颈、肩及下腹部针刻多道弦纹及几何纹带，腹部主体纹饰为变体云纹（图八九）。口径4.7、腹径4.7、残高6. 8厘米。

图八七　漆罐［M6（2）：5］

图八八　漆罐内壁［M6（2）：5］

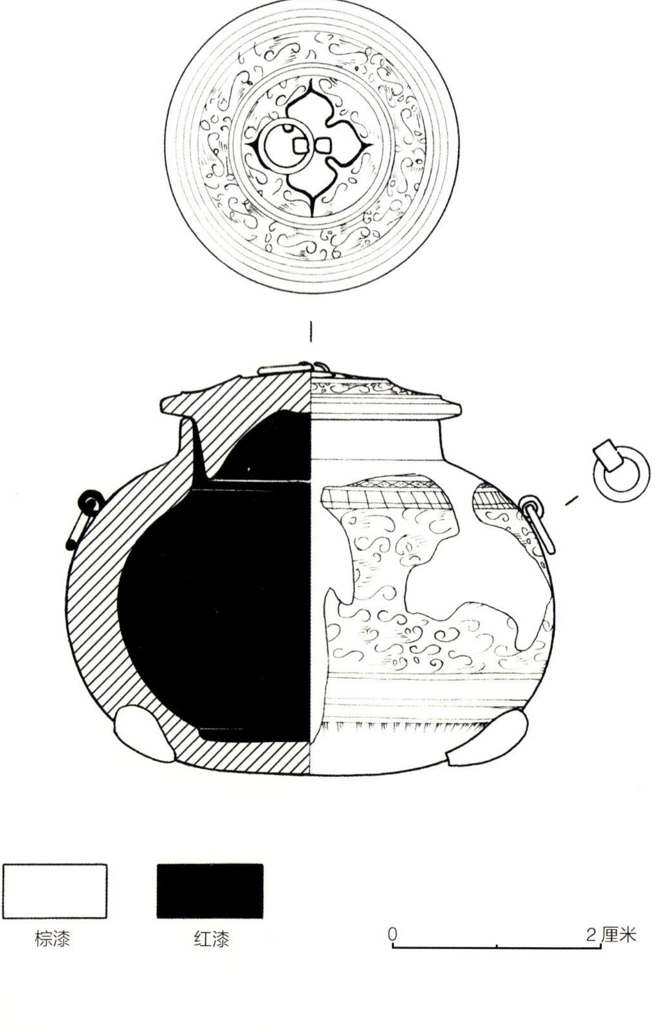

图八九　漆罐［M6（2）：5］

漆椭圆形盒　1件。标本M6（2）：6，夹纻胎，器内施红色漆，器身施褐色漆（图九〇）。盒及盖均微残。盖，盝顶，盖顶部四周有四枚铜乳钉，中间有红彩绘制的四瓣柿蒂纹饰，器表通体有针刻纹饰，上下部刻弦纹几何纹带，中间主体纹饰为云气纹，长约14.6、宽8.2、厚0.3、通高7.8厘米。在器身近底部针刻四道弦纹，中间有针刻变体几何纹饰一周（图九一）。长14.9、宽7.7、厚0.3、高7.1厘米。

图九〇　漆椭圆形盒［M6（2）：6］

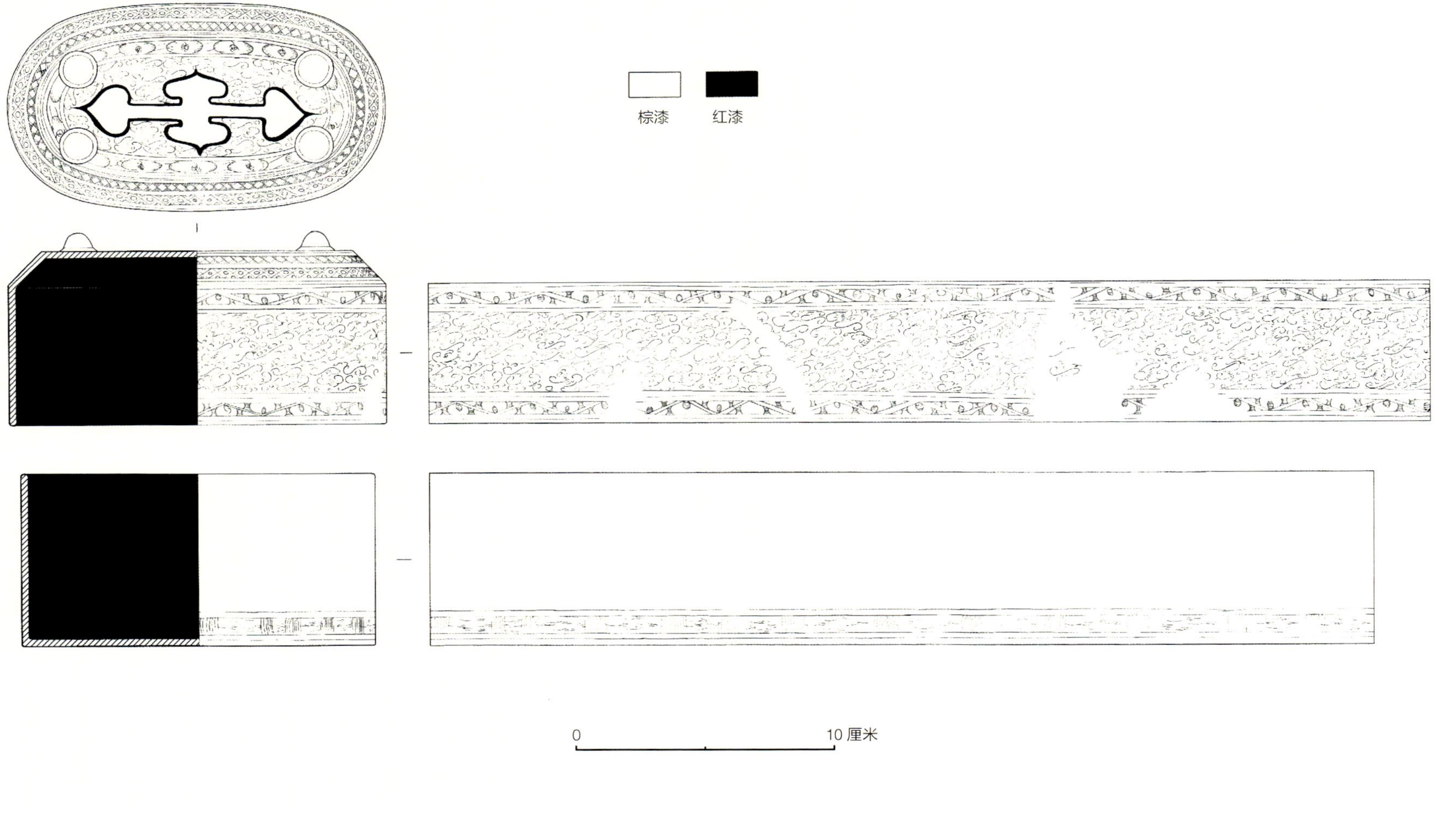

图九一　漆椭圆形盒纹饰 [M6（2）：6]

漆鞘　1件。标本M6（2）：23，鞘身底部微残，两面褐色漆为底，鞘身有针刻纹饰，上、下部由弦纹、三角形纹及斜线纹组成，中间针刻龙、虎、鹿等纹饰。长12.8、底宽1.6、上部1.9、厚0.45厘米；削把与削身已断开，削把有麻绳缠绕，长3、茎径1、环首0.7、环首宽0.7、径1.35厘米（图九二、图九三）。

图九二　漆鞘 [M6（2）：23]

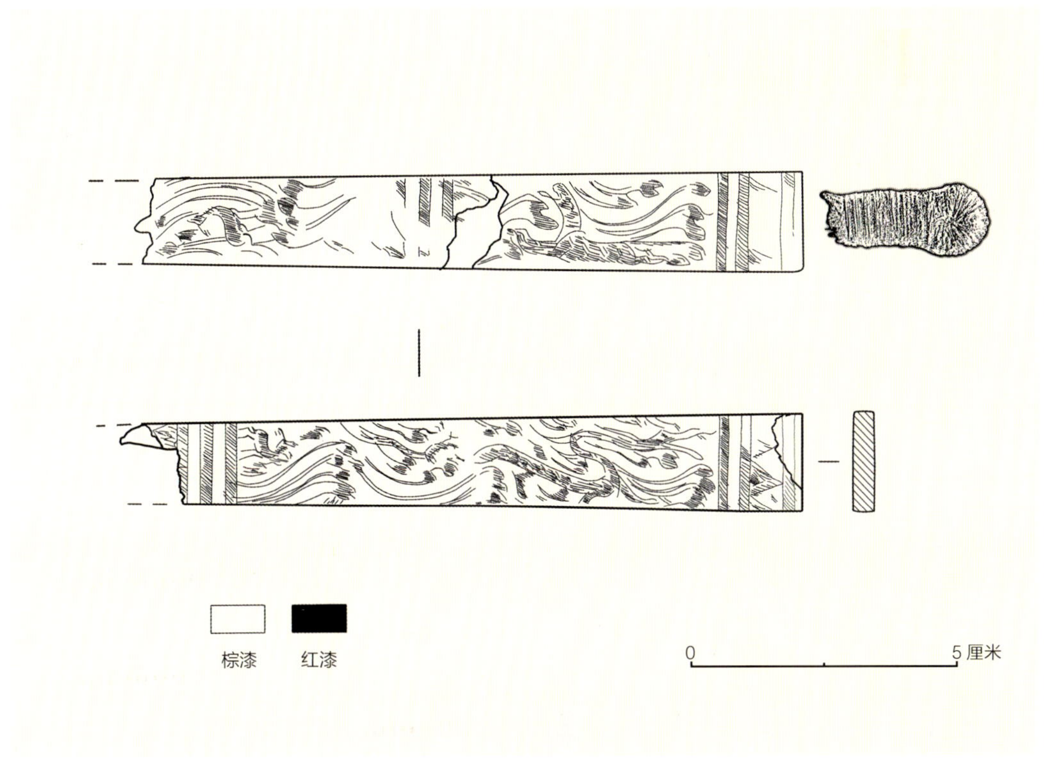

图九三　漆鞘 [M6（2）：23]

木饰　共2件。标本M6（2）：19、M6（2）：20，木胎，身肖龙形卷曲，尾端有孔，表面有白色及红色漆。通长6.8厘米（图九四）。

木梳、篦　4套共10件。形制基本相同，梳、篦背皆为半圆形，边缘稍薄，中间微鼓。齿的数量疏密程度不一，两侧齿较粗。其中1套3件出于七子圆奁马蹄形盒内编号M6（2）：2-12（图九五）。1号，木梳，18齿。长6.9、宽5.3、梳背厚0.65厘米。2号，木篦，齿较多，共41齿。长7、宽5.4、篦背厚0.65厘米。3号，木篦，齿最多，共97齿。长6.8、宽5.2、篦背厚0.65厘米。

图九四　木饰 [M6（2）：19、M6（2）：20]

图九五　木梳、篦 [M6（2）：2-12-1、2、3]

其余7件木梳、篦，直接出于棺内，编号M6（2）：7，可分为3套。其中1号为素面，残断数齿，共96齿（图九六）。2～4号，3件为1套，半圆形梳背双面均有漆绘图案（图九七），图案大体相同，半圆下部两道红色弦纹带间有红褐色菱形纹，半圆上部为主体纹饰，红色弦纹圈内以红黑色纹饰绘制云气纹，云气纹间有各式乐舞图案（图九八）。此外，梳脊同样绘两道红色弦纹，弦纹间为变体几何纹饰。2号，漆木梳（大），

图九六　木篦 [M6（2）：7-1]

图九七　木梳篦 [M6（2）：7-2、3、4]

图九八　木梳背图案 [M6（2）：7-3]

27齿。长8.7、宽6.8、梳背厚0.7厘米。3号，漆木篦，52齿。长8.6、宽7、篦背厚0.6厘米。4号，漆木篦，86齿。长8.6、宽6.9、篦背厚0.6厘米（图九九）。5～7号，3件为1套（图一〇〇）。装饰风格一致，半圆下部两道黑色双弦纹带间有红及银灰色变体几何纹，半圆上部为主体纹饰，黑色双弦纹圈内以黑色、银灰色漆绘制云气纹，云气纹

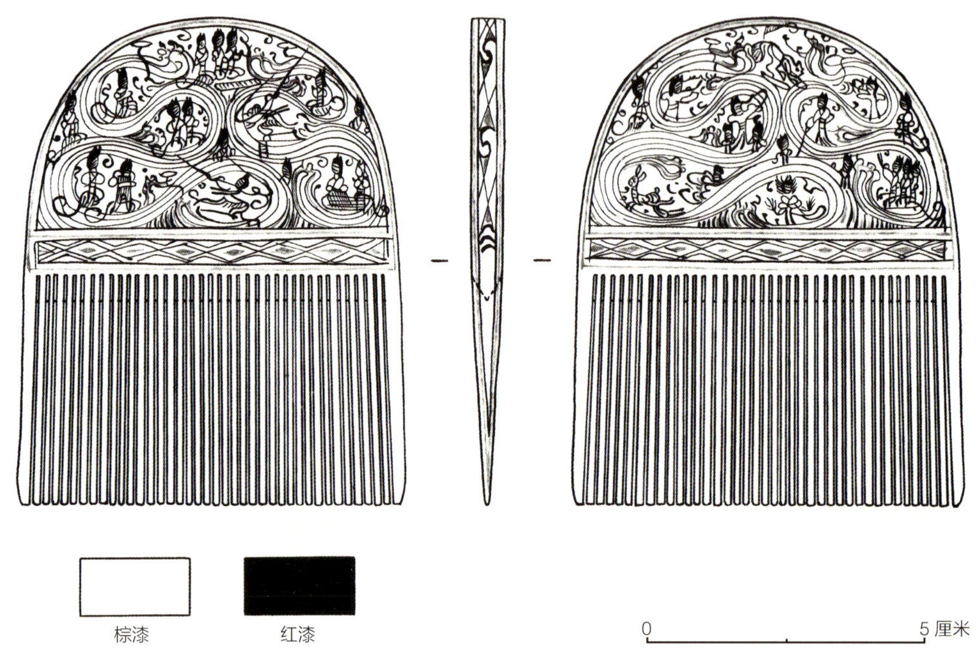

图九九　漆木篦［M6（2）：7-4］

图一〇〇　木梳篦［M6（2）：7-5、6、7］

间有形态各异的珍禽瑞兽；梳脊同样绘两道黑色弦纹，弦纹间为变体几何纹饰。5号，漆木梳，13齿。长7.1、宽5.5、梳背厚0.65厘米（图一〇一）。6号，漆木篦，42齿。长7.2、宽6、篦背厚0.6厘米（图一〇二）。7号，漆木篦，77齿。长6.8、宽5.2、篦背厚0.6厘米。

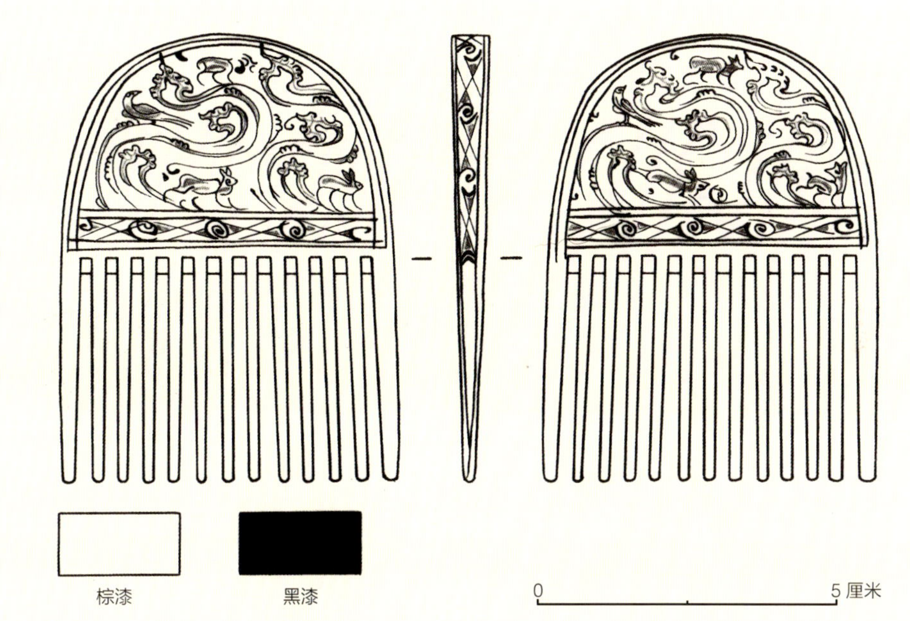

图一〇一　漆木梳 [M6（2）：7-5]

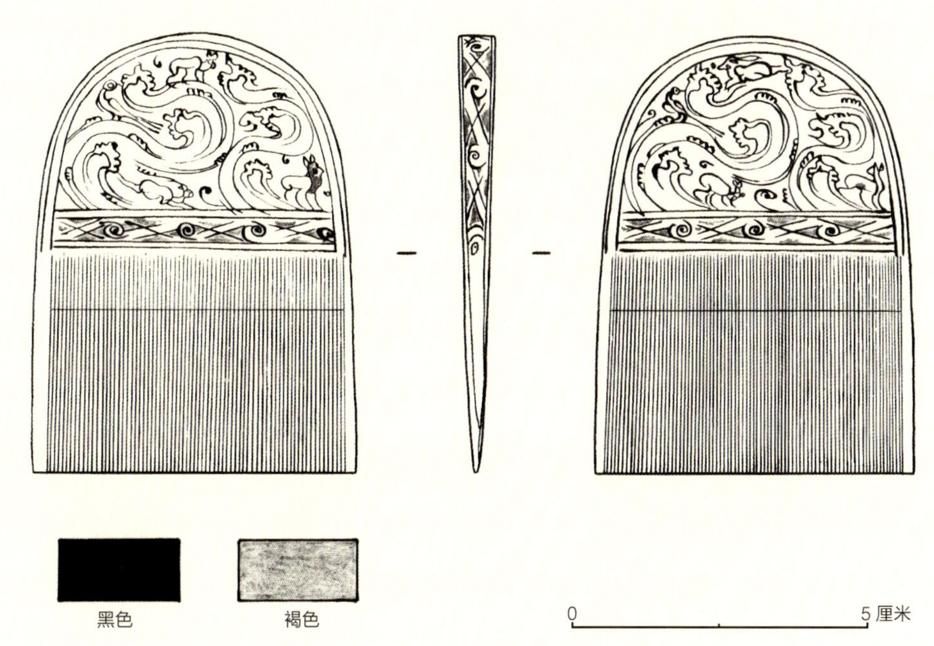

图一〇二　漆木篦 [M6（2）：7-6]

长木棍状器　1件。标本M6（2）：4，剖面呈马蹄形，中有一小孔贯通，推测为木枕。长42.2、底宽4、直径4.3、高4.1厘米；中间有穿孔，孔径0.6厘米（图一〇三）。

漆耳杯　1件。标本M6（2）：2-4，出于七子圆奁母奁内，夹纻胎，椭圆形，两侧有斜翘的长耳，弧腹，平底（图一〇四）。器身髹褐色漆，内外均绘制黑色云气纹饰。长径8.1、短内径5.6（包括耳宽6.8）底长4.2、底宽2.4、总高2.3、厚0.2～0.6厘米（图一〇五）。

图一〇三　长木棍状器 [M6（2）：4]

图一〇四　漆耳杯 [M6（2）：2-4]

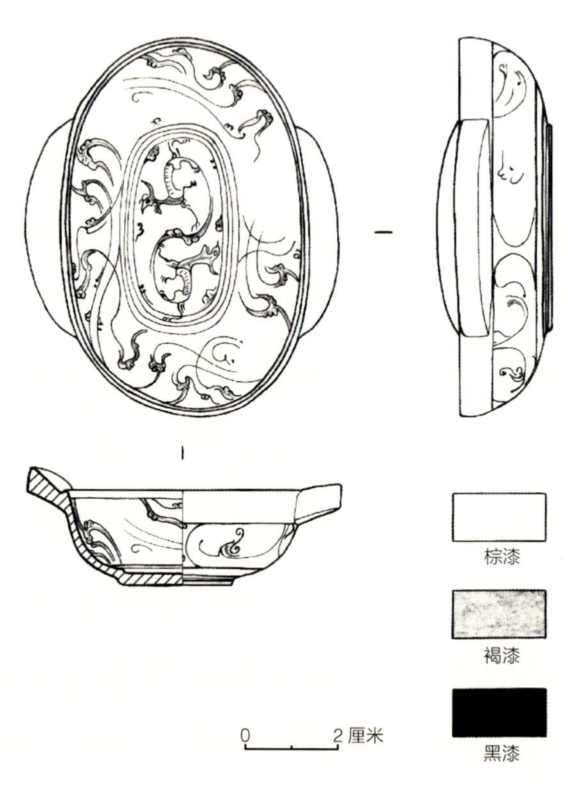

图一〇五　漆耳杯 [M6（2）：2-4]

漆圆盒　1件。标本M6（2）：3-1，盒内放有一面铜昭明连弧铭带铜镜。薄木胎，圆筒形，由盖、盒两部分组成（图一〇六）。内髹红漆，外髹黑褐色漆。盖顶部隆起，正中有红漆绘四瓣柿蒂纹图案，中心及四叶镶嵌玛瑙饰件，柿蒂纹周边镶嵌金箔图案，往外有两周银扣，银扣间有红漆弦纹及镶嵌金银箔图案，盖内口沿同样弦纹内镶嵌金箔几何纹，盖高8.4、顶高1.7、直径10.3、厚0.3厘米。器身三层银扣，上下层银扣分绘有两道红色弦纹带，弦纹内镶嵌金箔几何纹。几何纹下部为主体纹饰，镶嵌以金箔银箔制珍禽异兽及猎人图案。盒内壁口沿部分，弦纹内镶嵌金箔几何纹，盒内底以黑漆绘云气纹，外底红色弦纹带内镶嵌金箔几何纹，外圆心再绘红色弦纹圈，内绘红色云气纹，中心部分镶嵌银箔怪兽图案（图一〇七、图一〇八）。盒高7.8、直径9.6、厚0.3厘米。

图一〇六　漆圆奁 [M6（2）：3-1]

图一〇七　盒底及盖里 [M6（2）：3-1]

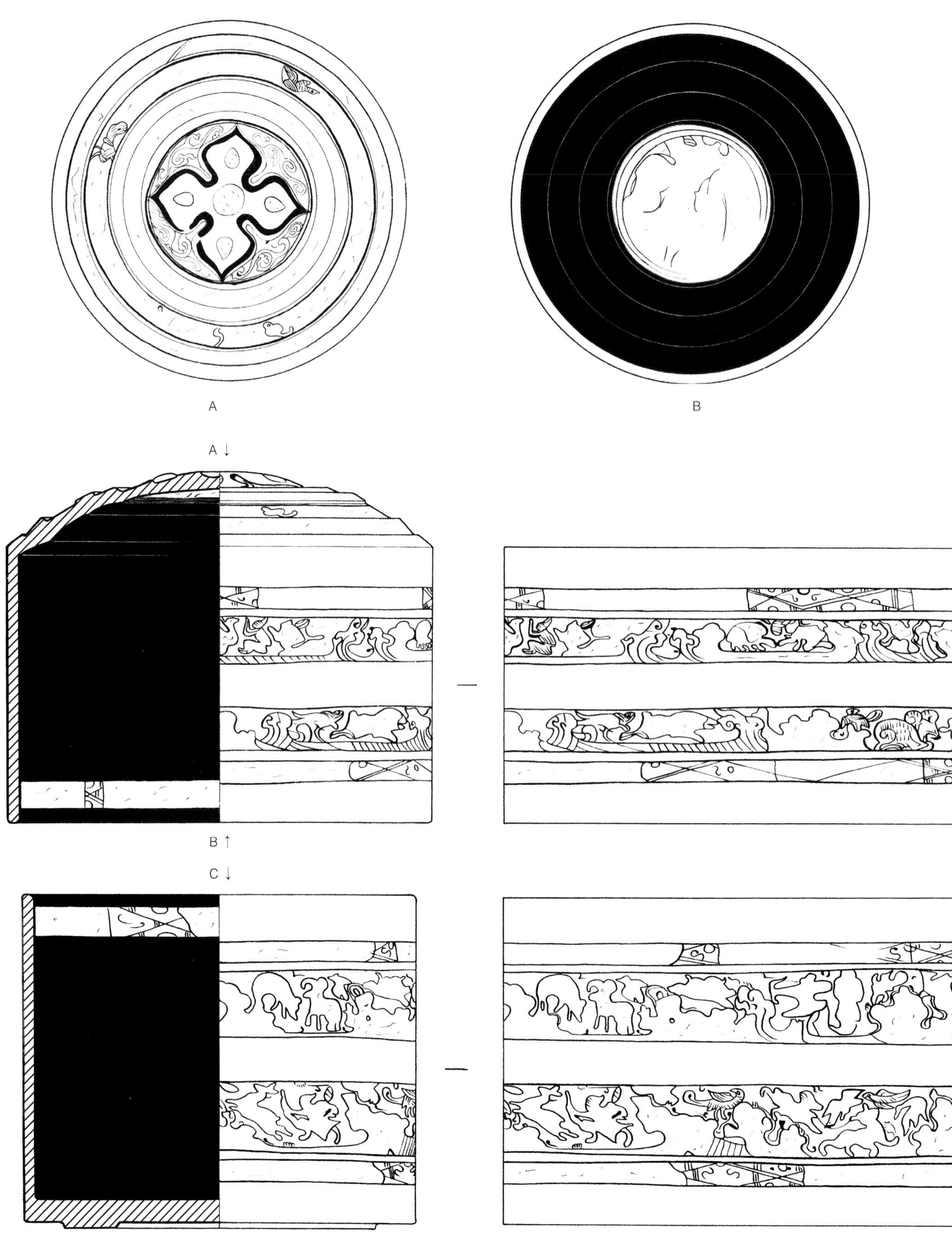
A
B
A↓
B↑
C↓
D↑

图一〇八　漆圆奁 [M6（2）：3-1]

七子圆奁　标本M6（2）：2，包括母奁共1套8件（图一〇九、图一一〇）。此外，母奁内还放有1件漆耳杯、1件漆金属胎罐等物（图一一一）。

图一〇九　七子圆奁［M6（2）：2］

图一一〇　七子圆奁［M6（2）：2］

图一一一　七子圆奁及内出器物 [M6（2）：2]

标本M6（2）：2-1，大圆奁，木胎。圆筒形，由盖、盒两部分组成（图一一二）。内髹红漆，外髹黑褐色漆。盖顶部隆起，正中有红漆绘四瓣柿蒂纹图案，中心及四叶镶嵌玛瑙饰件（图一一三），柿蒂纹周边镶嵌金箔图案，往外有三周银扣，银扣间有红漆弦纹及镶嵌金箔变体云纹，云纹间为银箔珍禽异兽图案，盖口沿内壁黑色弦纹内镶嵌金箔几何纹，直径22、通高14.6、厚0.45厘米。器身三层银扣，上下层银扣分绘有两道红色弦纹带，弦纹内镶嵌金箔变体几何纹。几何纹下部为主体纹饰，镶嵌变体金箔云气纹并以红漆勾勒轮廓，云气纹间镶嵌由金银箔制成的珍禽怪兽图案。盒内口沿同样在黑色弦纹内镶嵌金箔几何纹，内底以黑漆绘云气纹，外底红色弦纹带内镶嵌金箔几何纹，外圆心在红色弦纹圈内绘红色云气纹，中心部分外圈为红色弦纹带内镶嵌金箔几何纹，正中部分有红漆云气纹镶嵌银箔怪兽图案（图一一四、图一一九）。盒，直径20.8、高13、厚0.45厘米。

图一一二　漆大圆奁 [M6（2）：2-1]

图一一三　漆大圆奁盖顶饰品 [M6（2）：13]

图一一四　漆大圆奁盒底 [M6（2）：2-1]

母奁内七子奁装饰风格一致，皆为木胎，分为盖、盒两部分，内髹红漆，外髹黑褐色漆。方盒为盝顶，其余盒顶盖面隆起，顶部正中有三瓣（马蹄形盒）或四瓣银箔柿蒂纹图案，中心及叶片镶嵌玛瑙饰件，柿蒂纹周边镶嵌金箔云气纹图案，往外有两周银扣，银扣间有红漆弦纹及镶嵌金箔变体几何纹，盖内口沿两道黑色弦纹内绘几何纹饰；器身三层银扣，银扣外缘均绘红漆弦纹两道，弦纹间为主体纹饰，镶嵌变体金箔云气纹并以红漆勾勒轮廓，云气纹间镶嵌由银箔制成的珍禽怪兽图案，器内壁口沿部分有黑色弦纹绘几何纹，内外底均为素面。

漆长方形盒　标本M6（2）：2-6，盒内放置铜刷4件。盖，长15.2、宽3.6、厚0.3、高5.7厘米；盒，长14.4、宽3、厚0.3、高5.6厘米（图一一五、图一一七）。

漆小长方形盒　标本M6（2）：2-7，盒，长7.2 、宽3.2、厚0.3、高5.8厘米；盖，长8、宽3.7、厚0.3、高5.7厘米（图一一六、图一一八）。

图一一五　漆长方形盒［M6（2）：2-6］

图一一六　漆小长方形盒［M6（2）：2-7］

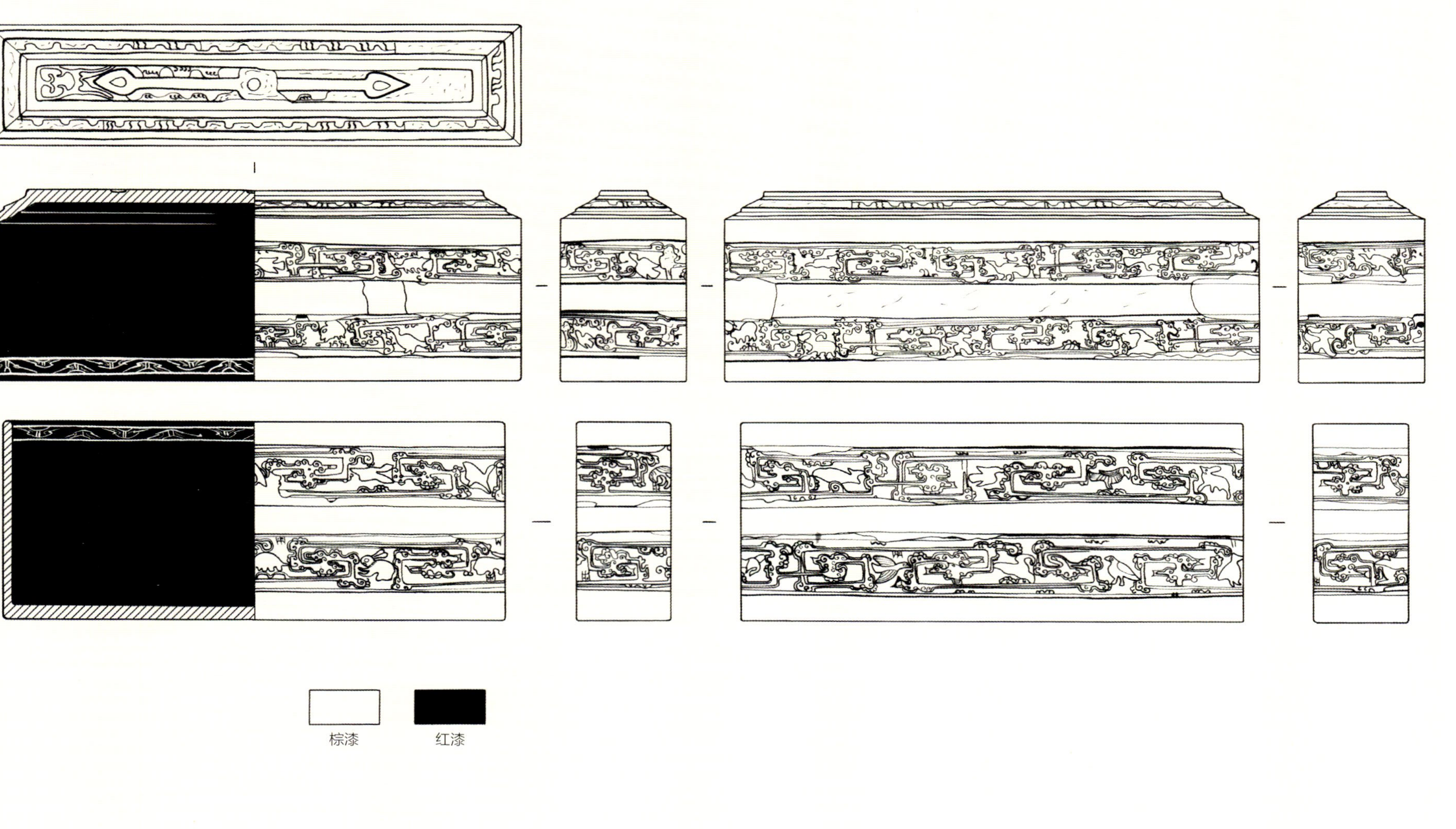

图一一七　漆长方形盒[M6（2）：2-6]

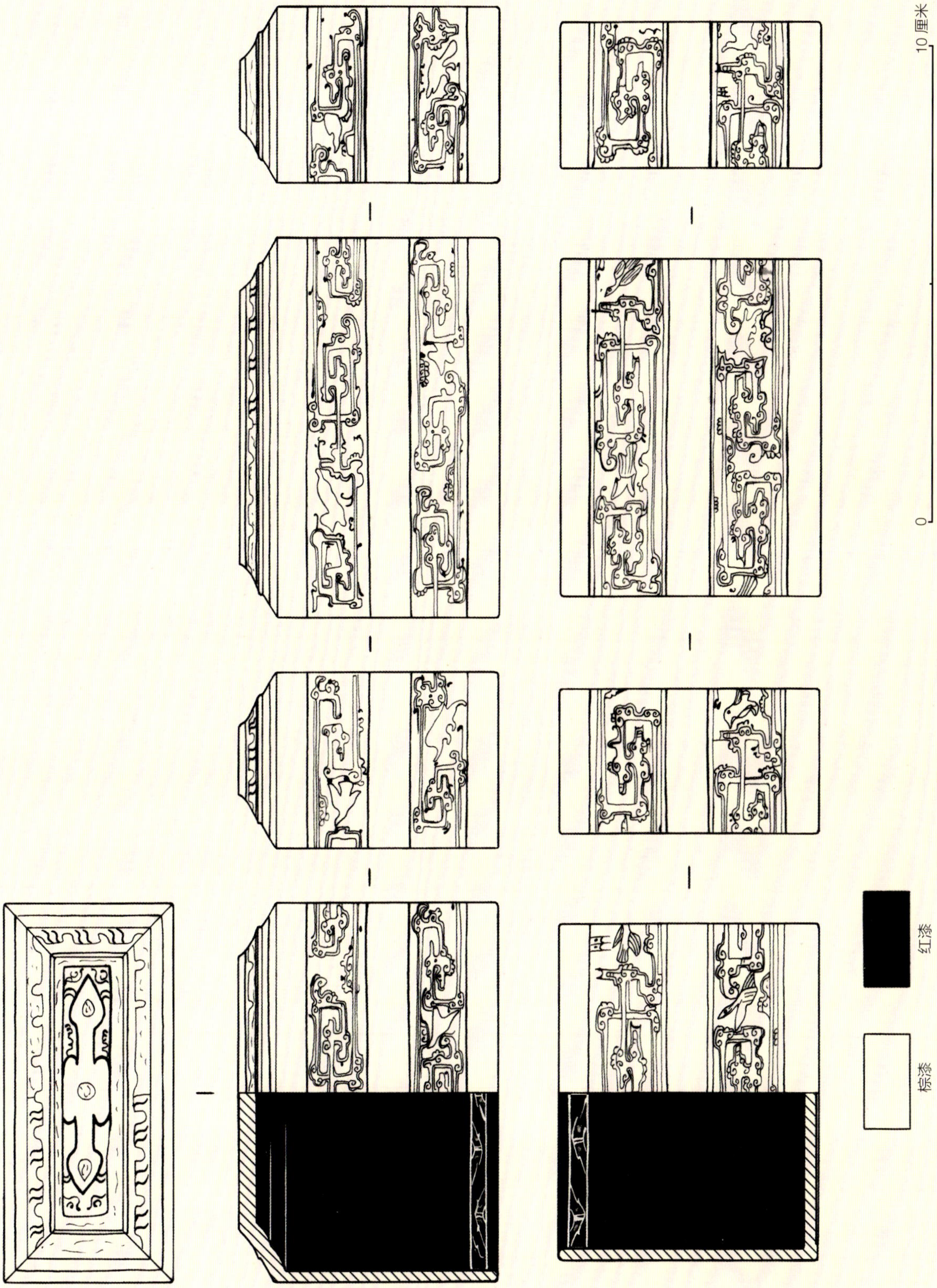

图一一八 漆小长方形盒[M6（2）：2-7]

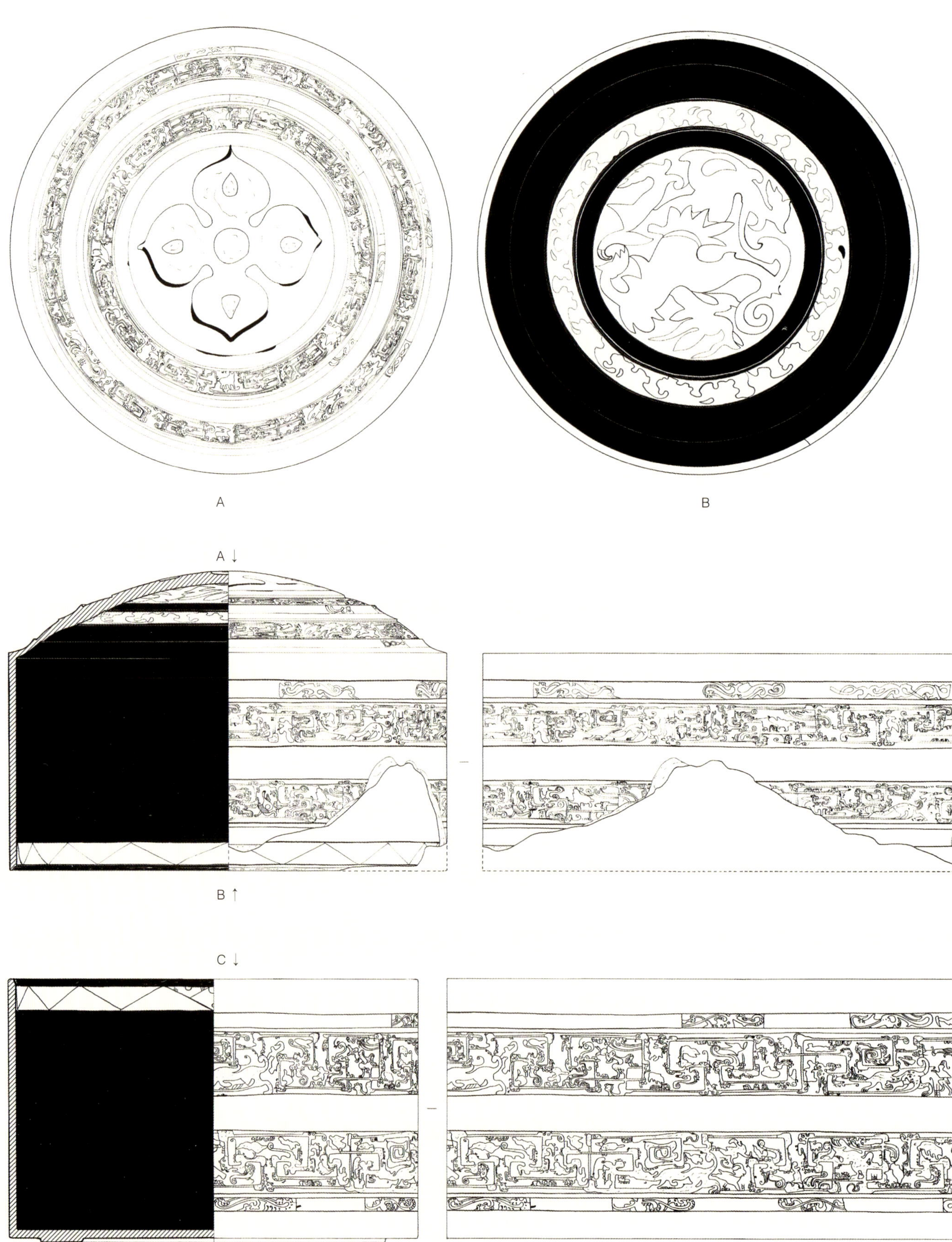
A
B
A ↓
B ↑
C ↓
D ↑

图一一九　漆大圆奁 [M6（2）：2-1]

漆小方盒　标本M6（2）：2-8，盒，边长3.4、厚0.3、通高5.8厘米；盖，边长4、厚0.3、高6厘米（图一二〇、图一二二）。

漆圆盒　标本M6（2）：2-9，盒，直径7、底径7.1、厚0.25～0.3、高5.7厘米；盖，直径7.7、厚0.25、通高6厘米（图一二一、图一二三）。

图一二〇　漆小方盒 [M6（2）：2-8]

图一二一　漆圆盒 [M6（2）：2-9]

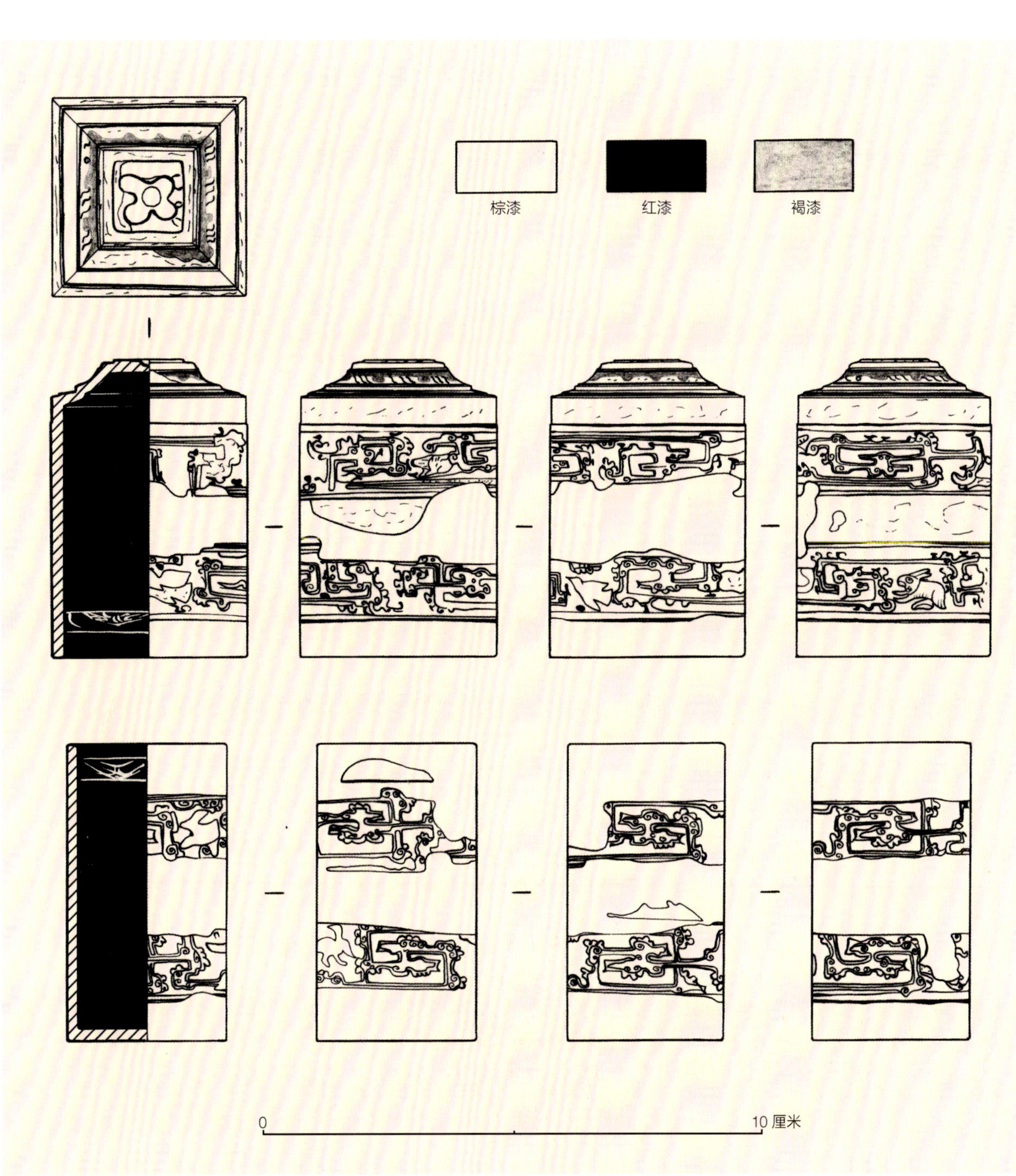

图一二二　漆小方盒 [M6（2）：2-8]

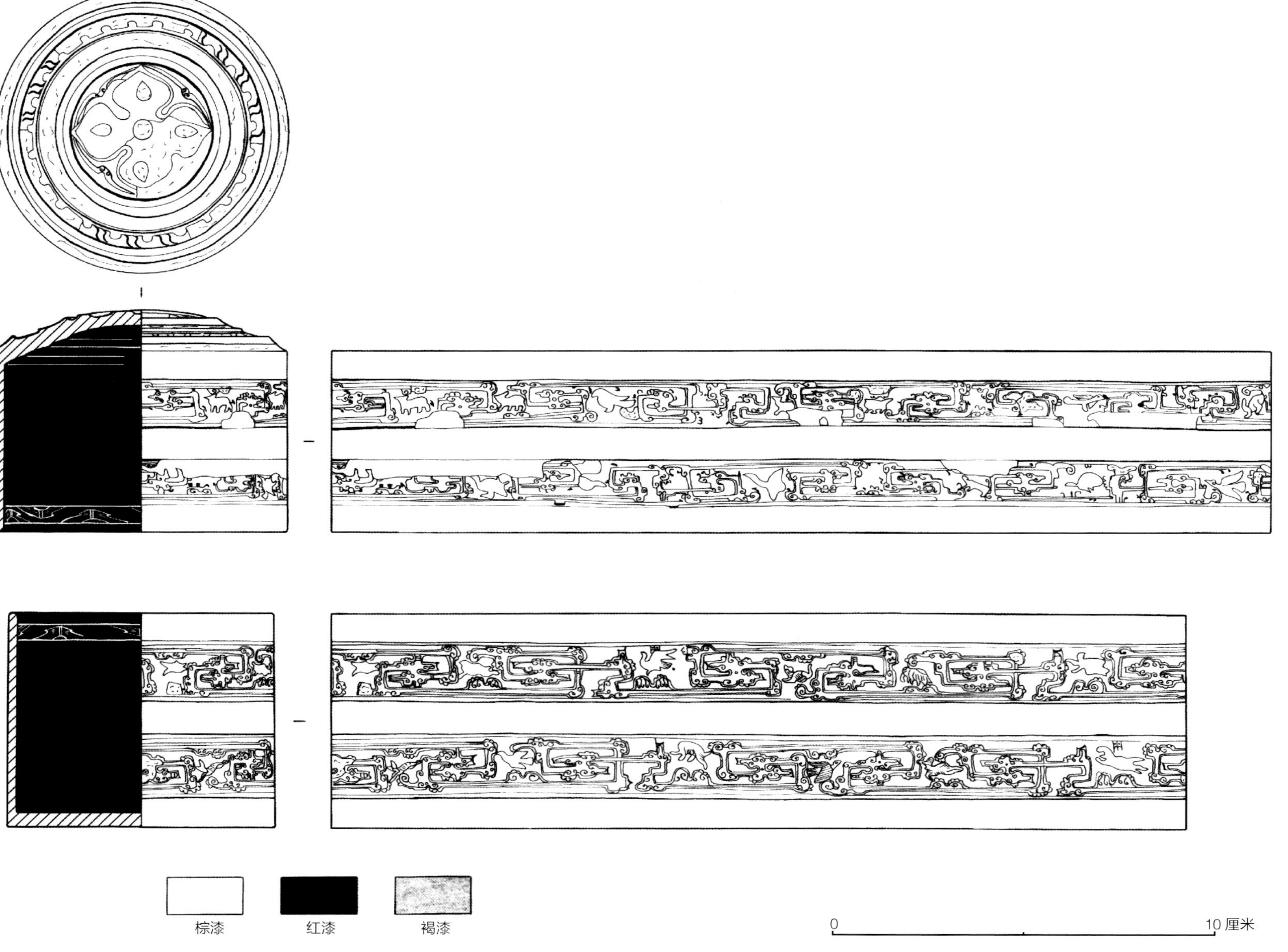

图一二三　漆圆盒［M6（2）：2-9］

漆小圆盒　标本M6（2）：2-10，盒，直径4.4、厚0.3、高5.6厘米；盖，直径4.9、厚0.25、高5.8厘米（图一二四、图一二六）。

漆椭圆形盒　标本M6（2）：2-11（图一二五、图一二七），盒，长径6.5、短径3.5、厚0.25、高5.7厘米；盖，长径7.1、短径4、厚0.3、高5.7厘米。

图一二四　漆小圆盒 [M6（2）：2-10]

图一二五　漆椭圆形盒 [M6（2）：2-11]

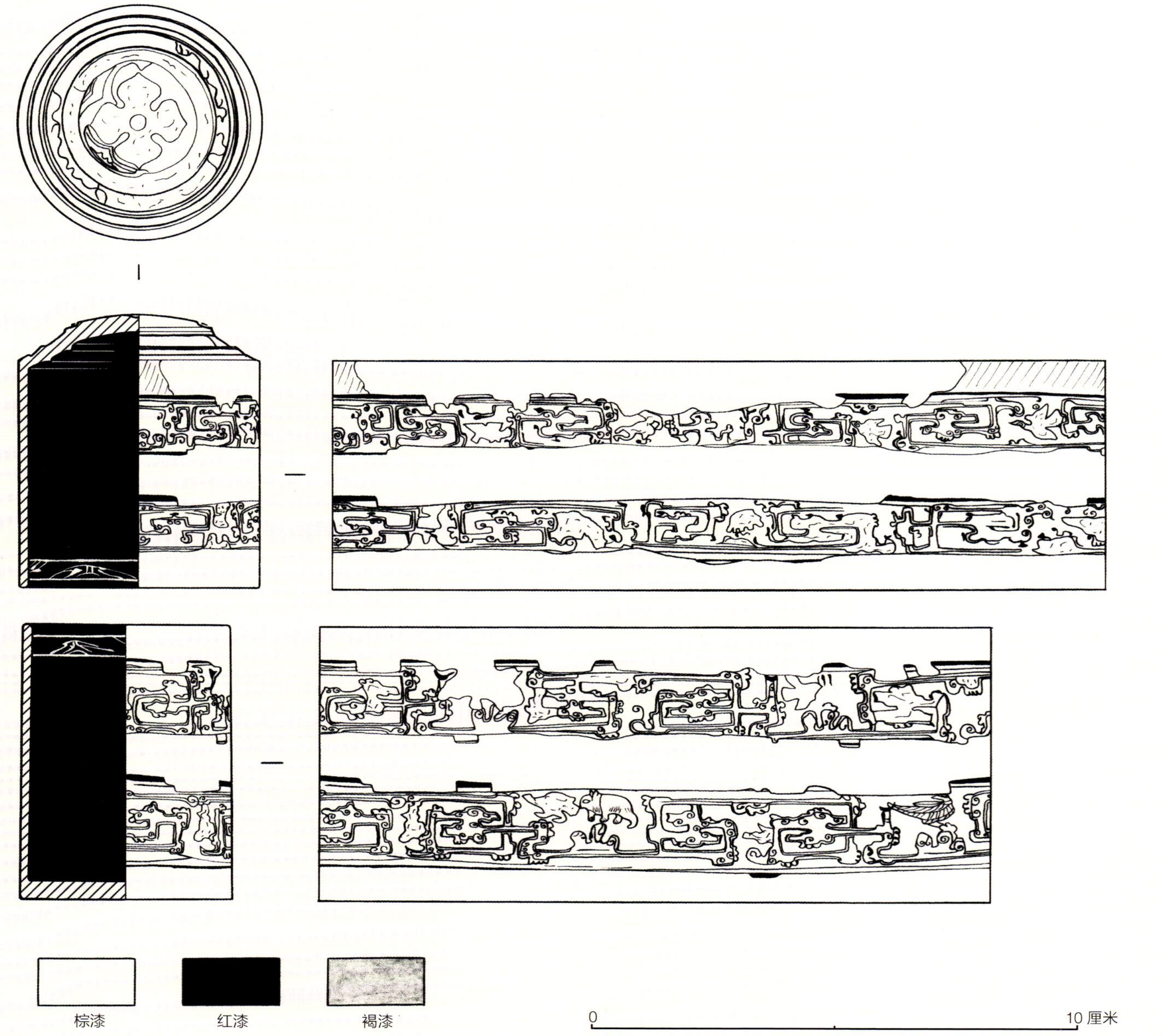

图一二六 圆小漆盒[M6（2）：2-10]

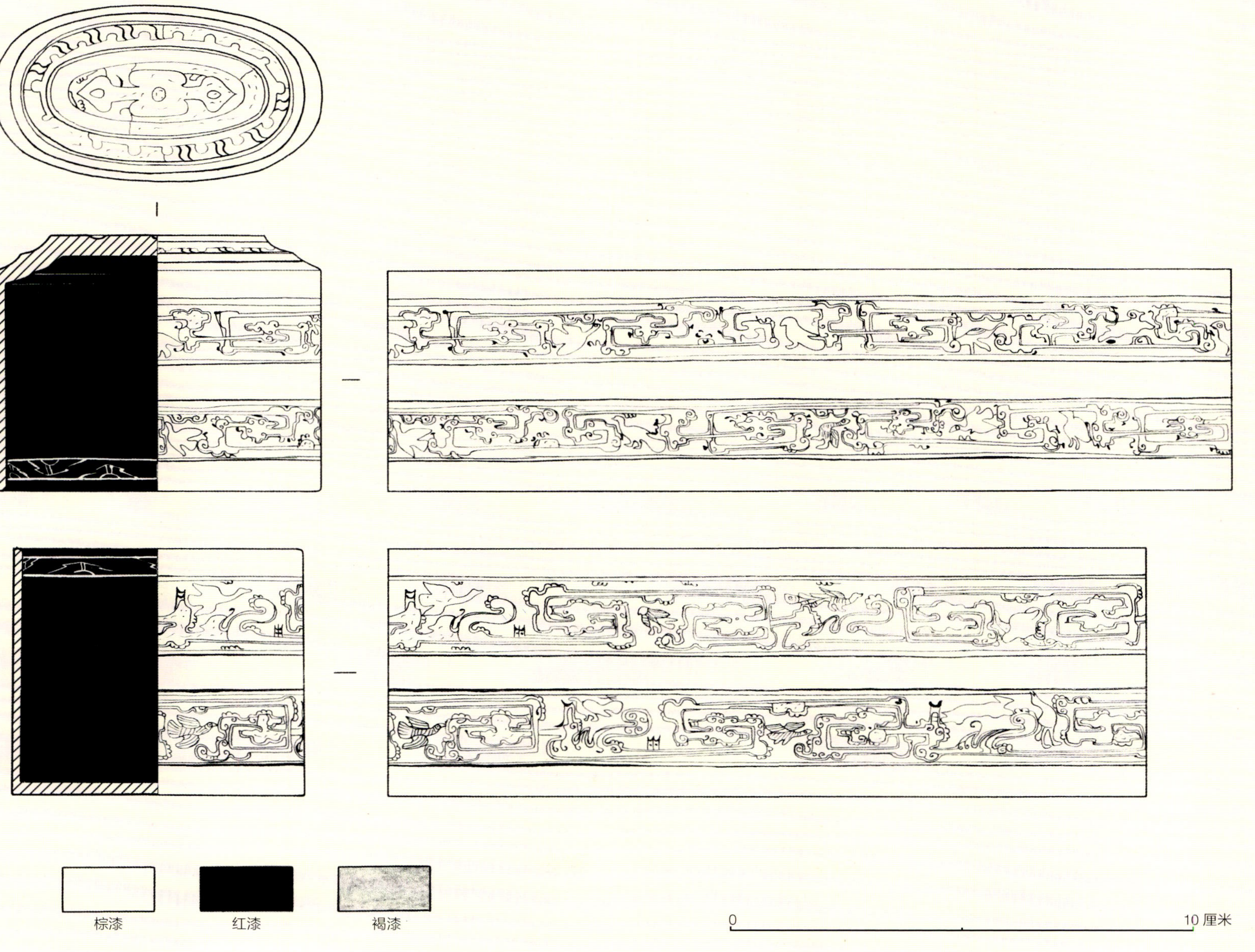

图一二七　漆椭圆形盒［M6（2）：2-11］

漆马蹄形盒　标本M6（2）：2-12，盒内放置木梳篦1套3件。盒，长8.4、宽5.8、厚0.3、高5.8厘米；盖，长9、宽6.5、厚0.3、高6.1厘米（图一二八、图一三〇）。

漆金属胎罐　1件。标本M6（2）：2-5，盖面微隆起，正中顶有柿蒂纹形饰，外圈有一层银扣。罐口直、高领、溜肩、鼓腹、平底，器内施红漆，腹部有一道银扣，银扣上部镶嵌金箔珍禽瑞兽图，下部镶嵌一周金箔倒三角形饰，三角形下各对应镶嵌珍禽或瑞兽图案。底径3.5、腹径6.5、口径3.2、厚0.15、高5.6厘米；盖，内亦施红漆，盖径4.3，上层银扣4.6、高1.55厘米（图一二九、图一三一）。

图一二八　漆马蹄形盒 [M6（2）：2-12]

图一二九　漆金属胎罐 [M6（2）：2-5]

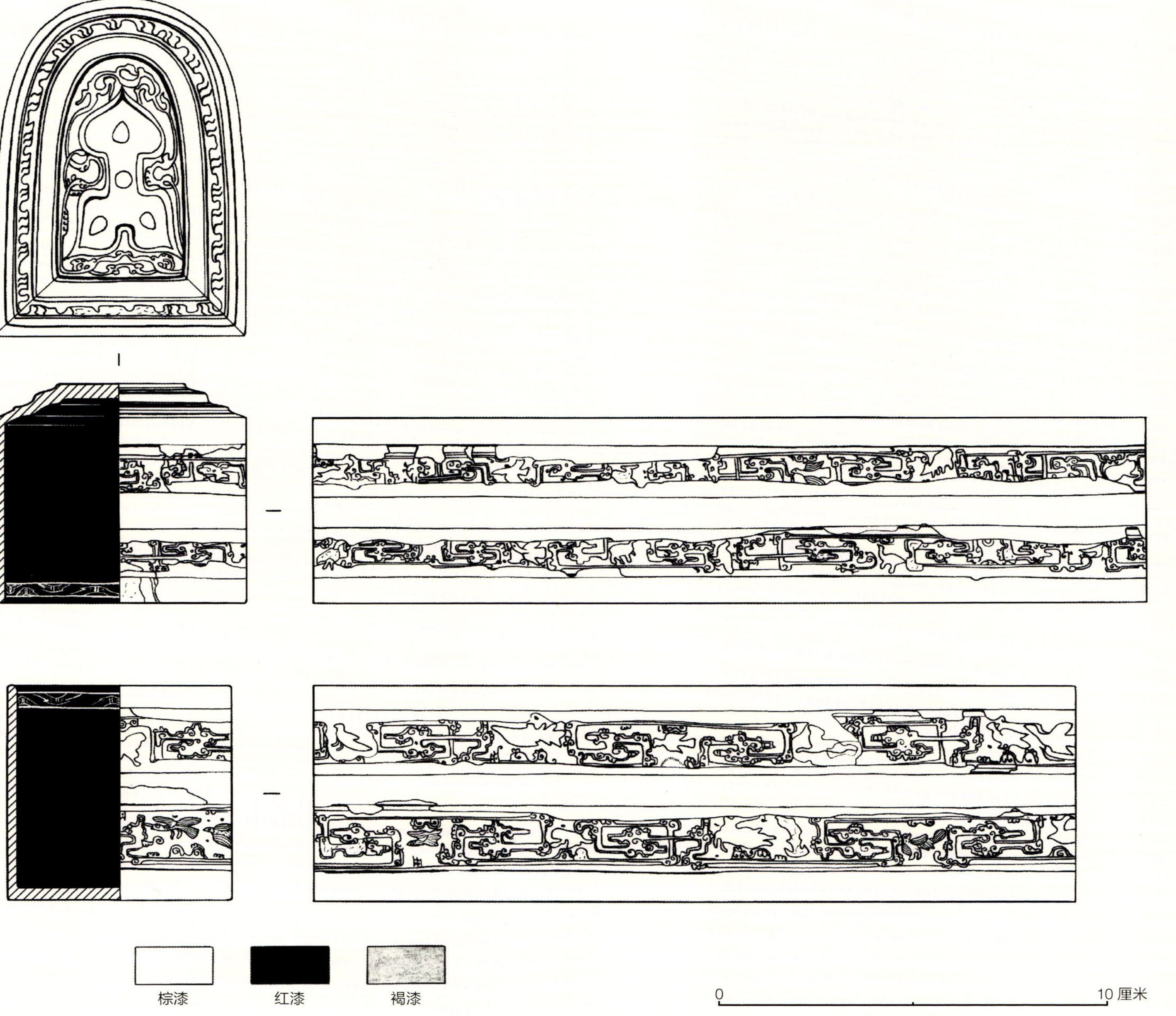

图一三〇 漆马蹄形盒 [M6（2）：2-12]

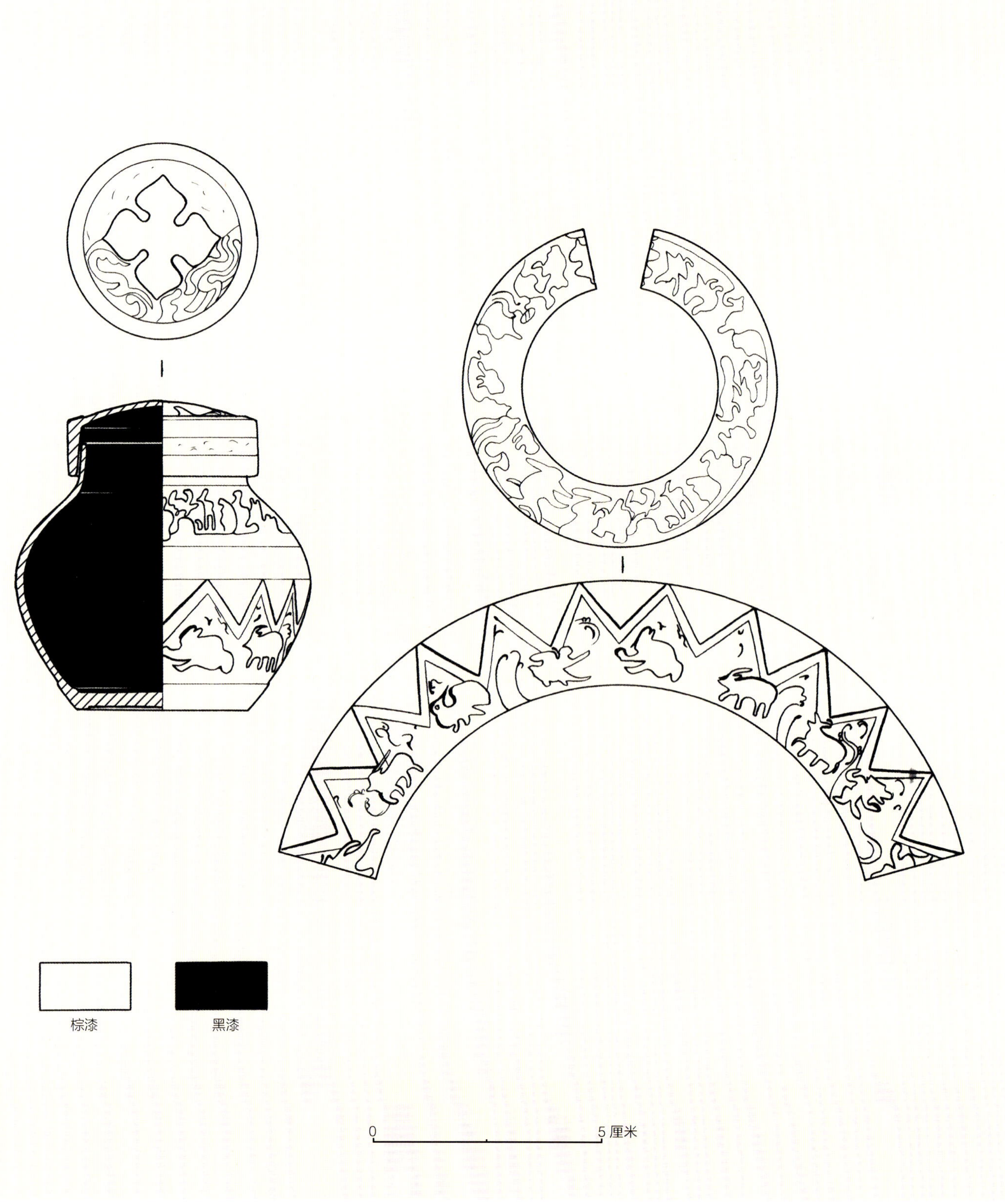

图一三一　漆金属胎罐 [M6（2）：2-5]

竹管　5件，标本M6（2）：25（图一三二）。

1号，长12.6、直径0.8～0.9、内径0.5～0.6厘米；2号，长10.2、直径0.9～1、内径0.6厘米；3号，长9.6、直径0.6～0.7、内径0.3～0.4厘米；4号，长12.85、直径0.6～0.7、内径0.4厘米；5号，长12.3、直径0.7、内径0.4厘米。出土遣册中注明有"笔"，但未见实物，可能已部分朽坏，推测该竹管即为毛笔笔管。

竹钗　1件。标本M6（2）：17，折股形制。长22.2、宽1.6、厚0.3厘米（图一三三）。

竹擿　1件。标本M6（2）：18，表面髹黑漆，素面，7齿，齿均残断。长约29.4、宽1.6、厚0.2厘米（图一三四）。

图一三二　竹管［M6（2）：25］

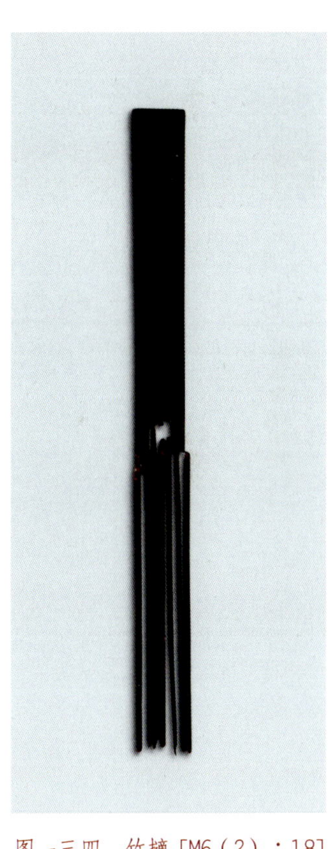

图一三四　竹擿［M6（2）：18］

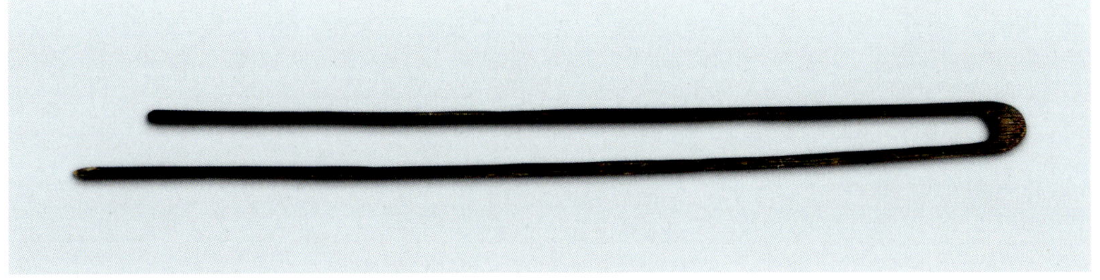

图一三三　竹钗［M6（2）：17］

图一三五 M7盗洞

图一三六 M7平面图

七、M7

（一）墓葬形制

M7位于F1下，M8东部。M7发掘前已遭盗掘，盗洞自封土向下一直打到墓室西南侧，木椁被锯断，棺不存，大量器物被盗（图一三五）。

该墓为长方形岩坑竖穴砖木混椁墓（图一三六），墓壁微向内斜收。近南北向。墓口长约6.1、宽约3.7、墓底至墓口深约5.4米。墓室内砖椁紧贴墓壁垒砌，砖椁长约6、宽约3.3、高约1.6米。砖长0.245、宽0.115、厚0.035米。砖内置一椁一棺。砖椁上部砌出一个放椁盖板的凹槽，东西两壁两端均有用以插木椁挡板的凹槽，木椁为“井”字形，长约5、宽约3米（图一三七）。棺已不存，人骨不见。在椁室东南角，残留部分随葬品，包括较多的陶器残片、铜席镇、铜镈等器物。

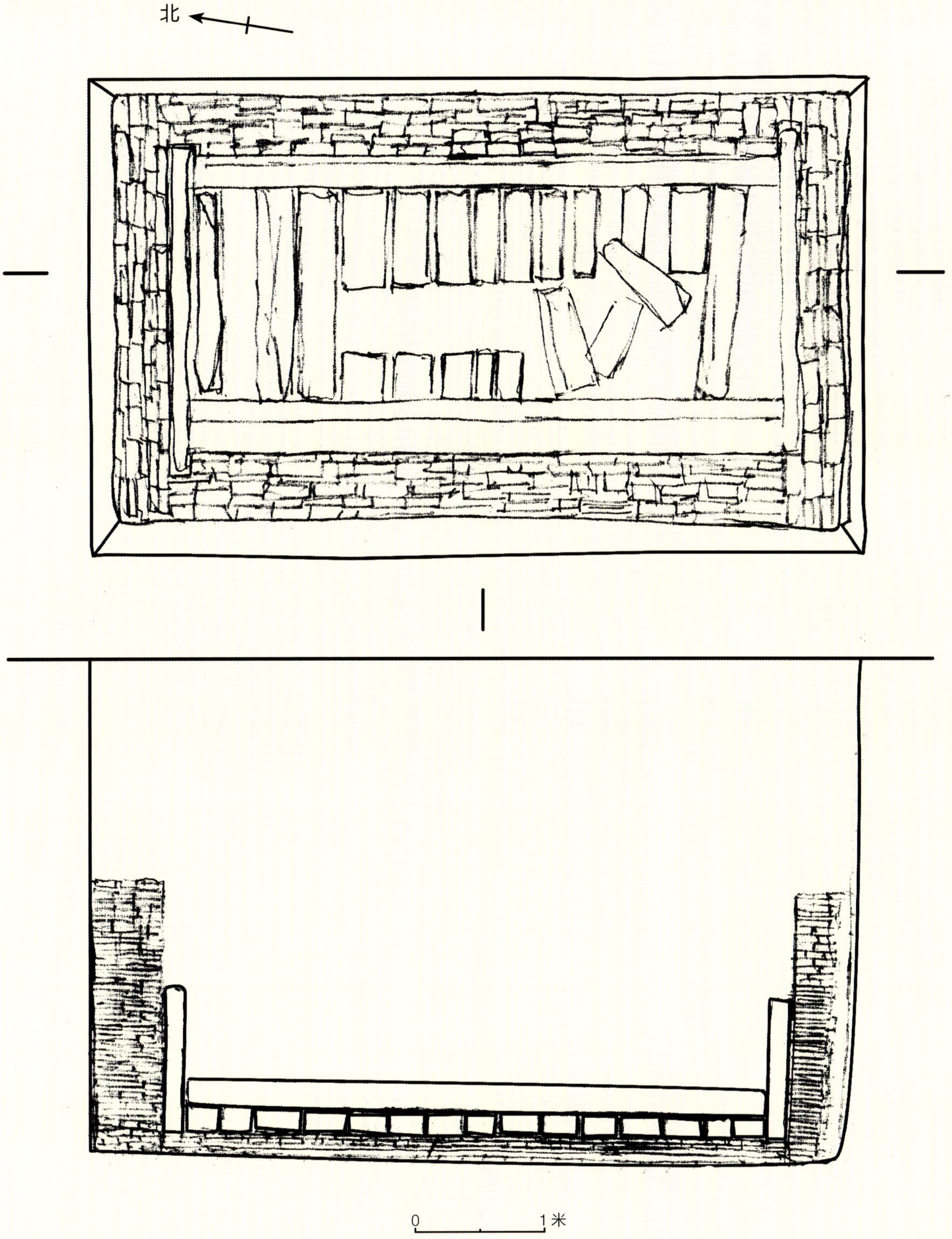

北

0 1米

图一三七　M7平、剖面示意图

（二）出土器物

（1）陶器

器盖 9件。

标本M7：1，共6件。形制基本相同，泥制灰陶。圆唇，侈口，弧盖顶，均为素面（图一三八）。1号器盖，口径14.4、厚0.3～0.6、高5.8厘米。2号器盖，口径14.6、厚0.6～1、高3厘米。3号器盖，口径14.6、厚0.4～0.8、高3.6厘米（图一三九）。4号器盖，口径15.2、厚0.4～0.8、高4.4厘米。5号器盖，口径15.2、厚0.6～1、高3.4厘米。6号器盖，泥质黑皮灰陶。口径30、厚1～1.6、高8.6厘米。

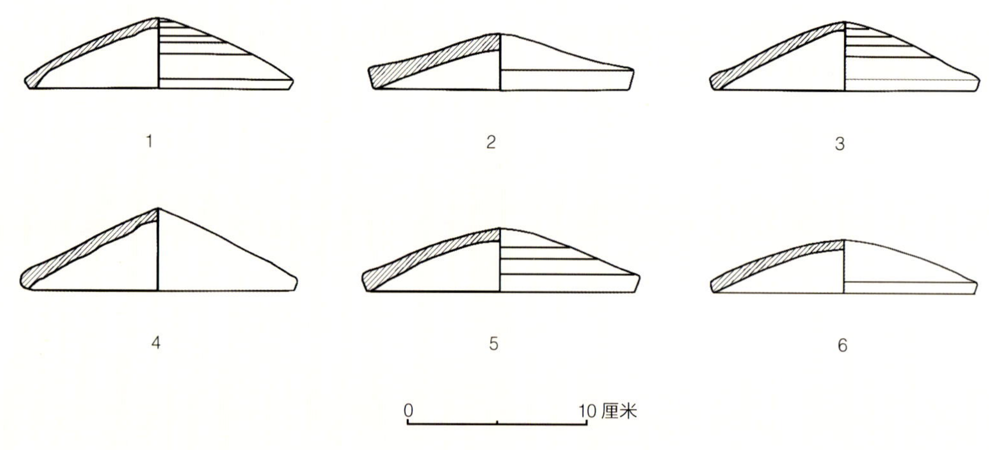

图一三八　M7：1陶器盖

1.1号　2.2号　3.3号　4.4号　5.5号　6.6号

图一三九　3号器盖（M7：1）

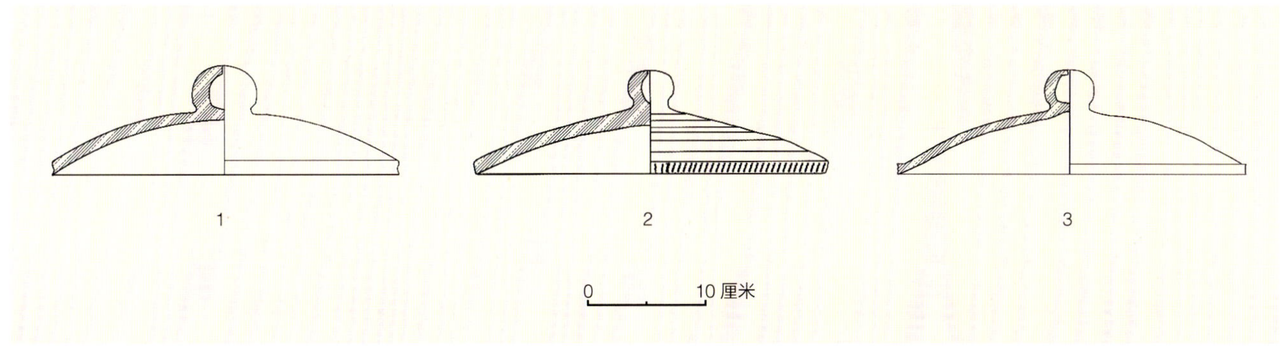

图一四〇　M7出土陶带纽大盖
1.1号　2.2号　3.3号

标本M7：12，共3件。形制基本相同，泥制灰陶。圆唇，侈口，弧盖顶，顶部有圆纽捉手，捉手中空。均为素面（图一四〇）。1号盖，口径29.5、厚1～1.6、高9厘米。2号盖，口径30、厚1～1.6、高8.6厘米。3号盖，口径30.6、厚1～1.6、高8.8厘米（图一四一）。

陶豆　2件。

标本M7：2，敞口，圆唇，浅盘，短柄，矮圈足底。口径14、底径15.2、厚0.4～1、高11.6厘米（图一四二；图一四六，8）。标本M7：14，镂空豆。豆盘部分缺失。底径20.4、厚0.6～1、残高17.6厘米（图一四三；图一四六，7）。

图一四一　3号带纽陶器盖（M7：12）

图一四二　陶豆（M7：2）

图一四三　陶豆（M7：14）

陶罐　4件。

标本M7：4，泥质黑皮灰陶。方唇，敞口，短束颈，溜肩，鼓腹，平底。口径15.2、底径16.8、腹径27.2、厚0.6～1、高28厘米（图一四六，2）。标本M7：5，残缺近半，夹砂灰陶。方唇，敞口，短束颈，溜肩，鼓腹，平底。肩及上腹部饰多条弦纹。口径13.6、底径16、腹径27.2、厚0.4～0.8、高24厘米（图一四六，1）。标本M7：7，夹砂灰陶。圆唇，敞口，短束颈，溜肩，鼓腹，平底。口径14.2、底径14.2、腹径25.6、厚0.6～1、高28.4厘米（图一四六，4）。标本M7：8，上腹饰数道弦纹，腹中部饰一道绳纹。口径13.6、底径16、腹径27.2、厚0.4～0.8、高29.4厘米（图一四六，5）。

陶鼎　2件。

标本M7：3，夹砂灰陶。尖唇，敛口，圆肩，鼓腹，三足。口径11.4、腹径19.4、厚0.6～1、高16厘米（图一四四；图一四六，6）。标本M7：6，与标本M7：3号鼎形制相同，较之略大。口径13.6、腹径22、厚0.6～1、高17.4厘米（图一四六，3）。

陶盆　2件。

标本M7：13，泥质黑皮灰陶。方唇，折沿，斜折腹，平底。口径28.8、底径14.2、厚0.2～0.8、高6.6厘米（图一四五；图一四六，9）。标本M7：15，口径31、底径14、高7、厚0.6～0.8厘米（图一四六，10）。

陶井盖　1件。标本M7：16，泥质灰陶，应为井架上部用以遮盖井身的亭顶，四阿顶（图一四七）。

图一四四　陶鼎（M7：3）

图一四五　陶盆（M7：13）

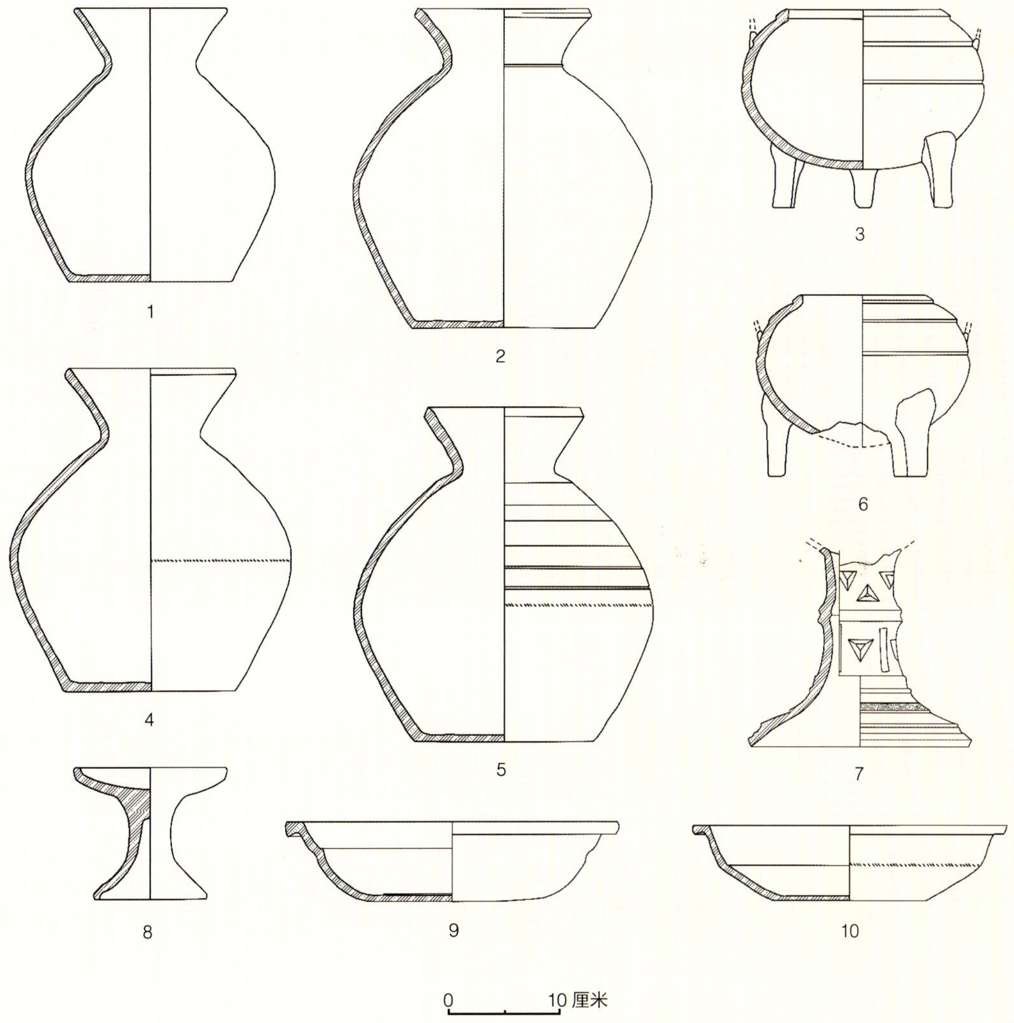

图一四六　M7出土陶器

1、2、4、5. 罐（M7∶5、M7∶4、M7∶7、M7∶8）　3、6. 鼎（M7∶6、M7∶3）　7、8. 豆（M7∶14、M7∶2）　9、10. 盆（M7∶13、M7∶15）

图一四七　陶井盖（M7∶16）

图一四八 席镇（M7：9、M7：10）

图一四九 铜镈（M7：11）

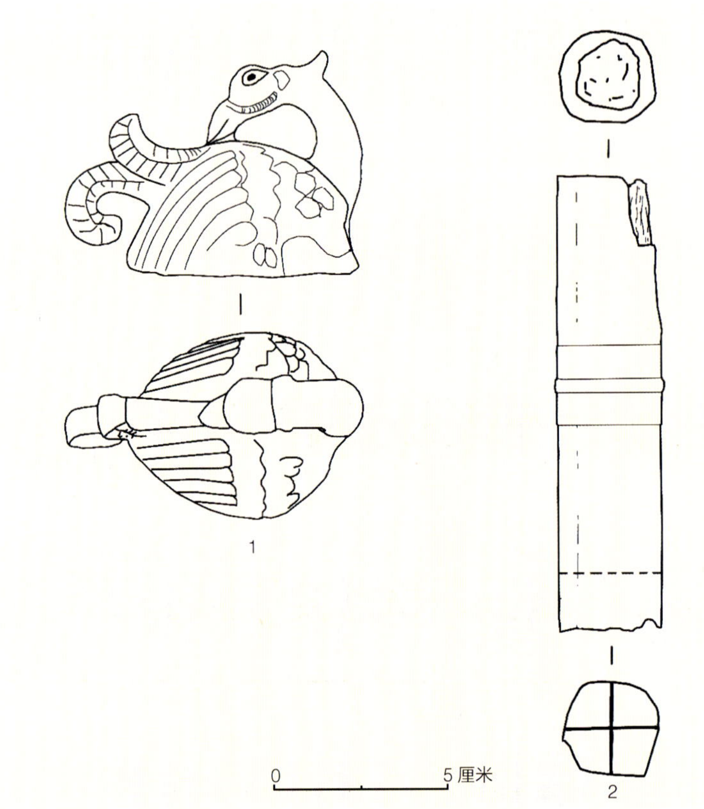

图一五〇 M7出土铜器

1.席镇（M7：10） 2.镈（M7：11）

（2）铜器

席镇 2件（图一四八）。标本M7：10，凤鸟形镇。长8.5、底最宽5.4、高6.2厘米（图一五二，1）。标本M7：9，凤鸟形镇，形制相同，锈蚀较严重。长约8.7、高约5.8厘米。

镈，1件。标本M7：11，平面呈委角菱形。底端封口，留有四孔，并饰以交叉的凸棱，中部凸起一周宽带，宽带中间有一道凸棱。长约12.5、直径约4厘米（图一四九；图一五〇，2）。

八、M8

（一）墓葬形制

M8位于F1西侧，带墓道的“甲”字形岩坑竖穴砖木混椁墓（图一五一）。墓道向南，方向186°。墓圹全长13.1米，其中墓道长8.5米，墓道由南向北逐渐变宽，南部宽1.3、北端宽约2米。墓室长4.6、宽约3.1米，墓口距现今地表深约3米，墓口距墓底深约3.75米（图一五二、图一五三）。

图一五一　M8

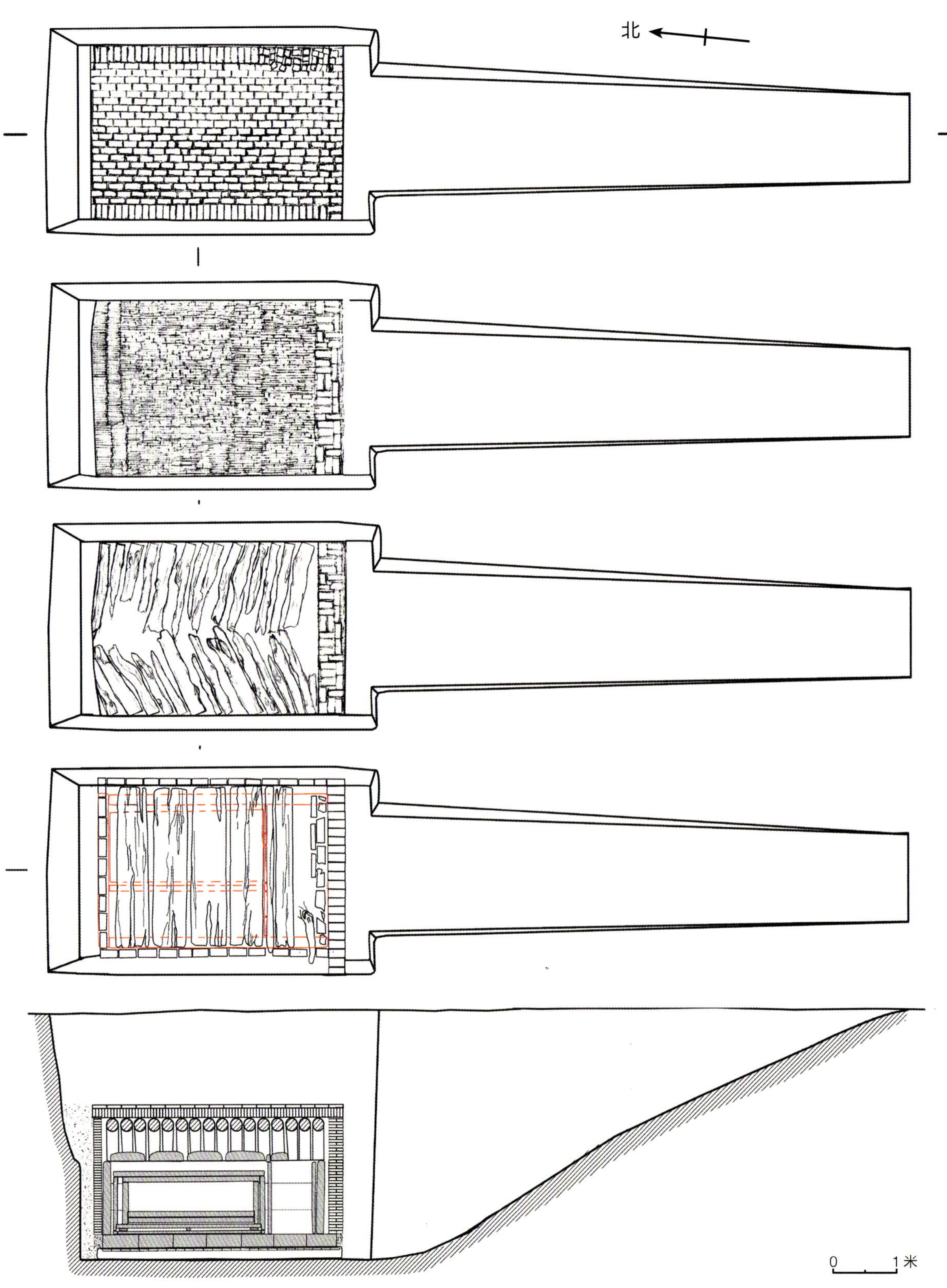

图一五二 M8平、剖视图

图一五三　M8棺椁结构平、剖面图

1、3.原始青瓷壶　2、4～6.陶罐　7～12、14～17、20.漆耳杯　13.漆樽　18.木牍　19.棍状器　21.漆圆奁　22.木片　23.漆七子圆奁　24、25.角擿

墓室填土为黄褐色花土，椁室内充满积水。葬具为重棺重椁，木椁四壁外有一层砖椁。木椁顶之上，上层横砖错缝摆放（图一五四），下层是无规律摆放的侧立砖（图一五五），砖长0.26、宽0.12、厚0.035米。木椁由“人”字形椁顶、盖板、墙板、底板、枕木搭建而成。

“人”字形椁顶：盖板上部用简单修剪的粗树枝架设成“人”字形顶。发掘时，“人”字形顶已向北侧倾倒，但其结构仍然十分清楚。从向北侧倾倒的痕迹看，最高处与南部倾倒最低处相差约0.6米，据此推测，“人”字形顶原高约为0.6米（图一五六）。

盖板：“人”字形顶之下为东西横向并排放置的6块盖板，加工较粗糙。长约2.5、宽0.4～0.55、厚约0.16米（图一五七）。

椁室内以隔板分为东、西、南三室（图一五八）。南室为器物箱，东室放置重棺，西侧室除了两段木材外空无一物。

墙板：南壁东西并排竖直放置6块椁板，长约1.12、宽约0.3、厚约0.12米。东、西、北三面均横向叠压放置3块椁板。东、西侧椁板长约3.4米、宽约0.4、厚约0.16米。北侧椁板长约2.3、宽约0.4、厚约0.14米。木椁外紧贴椁板四周，丁砖顺摆组成一道砖椁，高约1.16米。

底板：东西向横置7块椁板，相互之间扣合严密，缝隙难寻。底板四面平整光滑，刨削加工过。长约2.3、宽0.5～0.55、厚约0.2米。

图一五四　M8椁顶上层铺砖

图一五五　M8顶下层铺砖

枕木：底板下东西两侧有南北向放置的枕木各1根，枕木为天然树干经简单修整，树干均向南侧弯曲合拢。长约3.6、最大直径约0.2米。枕木内侧有1层东西平砖顺摆的铺地。

器物箱：位于椁室南，椁室与器物箱之间有1副双扇门相通。门的两边都有与门板等厚的立颊。器物箱长约2、宽约0.6米。西侧放置漆器，东侧主要放置陶器及原始瓷器，共放置器物17件。

棺：分内外两重。外棺长2.34、宽0.88、棺板厚约0.8、高0.88米，棺板之间以榫卯相接，发掘时已经脱落。外棺上原有红、黑两色彩绘，已剥落难辨，棺底垫有枕木。内棺长2.1、宽0.7、高0.74、棺板厚约0.08米。内棺髹黑漆，棺板间以榫卯相连接。棺内人骨已朽，有织物覆盖的痕迹，但已朽烂难以清理。棺内随葬漆木器、铜器等8件器物。

图一五六　M8“人”字形椁顶

图一五七　M8木椁盖板

图一五八　M8椁室

（二）出土器物

M8共出土器物25件（套）。南室为器物箱，放置有陶器、原始瓷器及漆木器共18件。西室残留两段简单修饰的圆木，推测为木俑。东室为棺室，出土器物共7件（套），内棺东北角有七子圆奁漆器1套。七子圆奁西侧有角擿3件，南侧有木牍1件及漆嵌金圆奁盖1件，奁盒已漂至东北角。漆嵌金圆奁南侧为剖面成马蹄形圆木棍1件。木棍上部原有织物覆盖，朽烂太甚。棺室南端还有木片状器1件，其上有彩绘及少量金箔（1、3.原始青瓷壶 2、4～6.陶罐 7～11、12、14～17、20.耳杯 13.漆樽 18.木片 19.马蹄形圆木棍状器 21.漆嵌金漆圆奁 22.木牍 23.漆七子圆奁 24、25.角擿）。

（1）陶器

罐 4件。放置于器物箱西侧，形制基本一致（图一五九）。夹砂灰陶。敞口，短束颈，溜肩，鼓腹，平底。出土时陶罐内尚盛装有粮食。

标本M8：2，方唇，敞口，出土时罐内有谷物残留物。口径15.2、底径22.8、腹径33.2、高30.8、厚0.6～1厘米（图一六一，2）。标本M8：4，腹部有戳印的点线纹数道。口径14、底径22.4、腹径32、高29.6厘米（图一六一，3）。标本M8：5，圆唇，敞口微敛。口径14.4、底径22.8、腹径34.4、高32.2、厚0.4～0.8厘米（图一六一，5）。标本M8：6，口径15.2、底径21、腹径32、高30.6、厚0.6～0.8厘米（图一六一，6）。

（2）原始青瓷器

壶 2件，出土时放置于头箱西侧（图一六〇）。

标本M8：1，体形较大，尖唇，敞口，长束颈，溜肩，鼓腹，平底，矮圈足。口沿

图一五九 M8出土陶罐

内部、肩及上腹部施黄绿色釉，其余部分均呈现红褐色胎。口沿下侧及颈下侧有二组波浪形纹，其间有凹弦纹二道，肩部对称贴塑双耳，双耳为叶脉纹柄，圆环造型。耳上下为二组凸弦纹，下腹有凸弦纹一组。口径16、底径18.8、腹径36、高40.4、厚0.6~0.6厘米（图一六一，1）。标本M8：3，口残。长束颈，溜肩，鼓腹，平底微向内凹，矮圈足。口沿内部、肩及上腹部施黄绿色釉，其余部分均呈现红褐色胎。肩部对称贴塑叶脉纹双耳，同时还有二组凸弦纹，下腹部旋出多重瓦棱纹。底径11.2、腹径20.8、残高24.2、厚0.6~0.8厘米（图一六一，4）。

图一六〇　M8出土原始青瓷壶

1. M8：1　2. M8：3

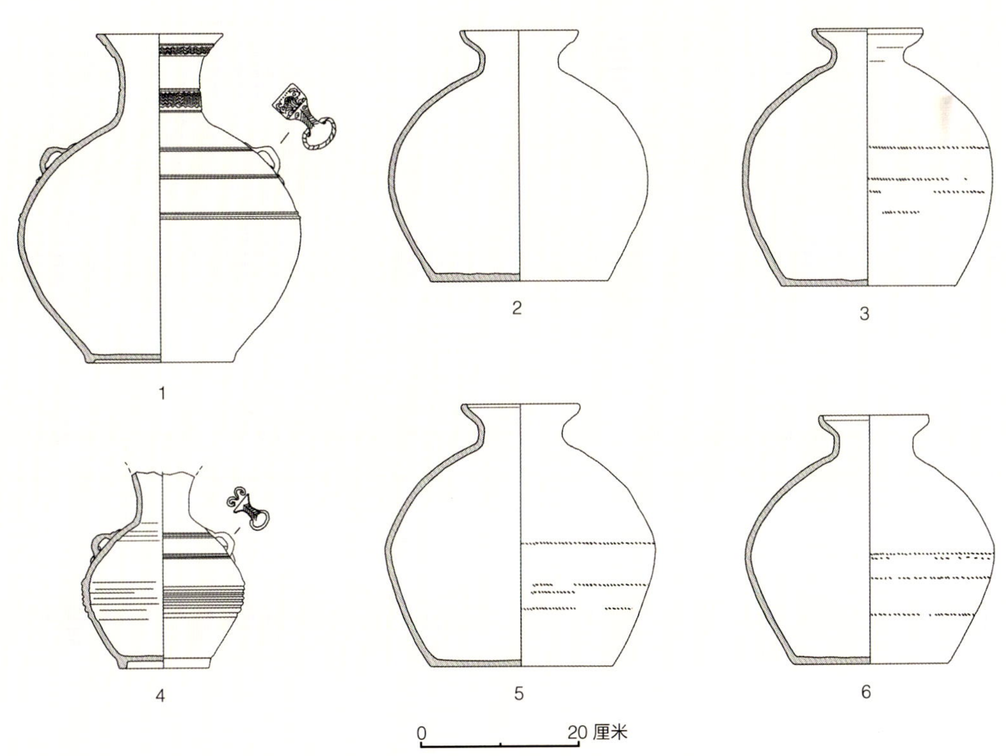

图一六一　M8出土陶、瓷器

1、4. 原始青瓷壶（M8：1、M8：3）　2、3、5、6. 陶罐（M8：2、M8：4、M8：5、M8：6）

（3）铜器

镜 2件。

标本M8：21-2，日光镜，原置于漆嵌金圆奁内。圆形，圆纽，圆纽座。座外一周内向八连弧纹带，连弧纹间有简单纹饰。其外两周栉齿纹间有铭文："见日月光，长不相忘。"字间填以菱形纹、涡纹等。直径7.8、缘宽0.6、厚0.4厘米（图一六二；图一六四，2）。

标本M8：23-11，重圈昭明铭带镜，原置于漆七子圆奁母奁内，保存完好，出土时光亮若新。圆形，圆纽，并蒂连珠纽座。两周凸弦纹圈及栉齿纹将镜背分为内外两区，两区内都有篆体铭文。内区21字铭文为"内清质以昭明，光辉象日月，心扬而頵

图一六二 M8出土铜镜（M8：21-2）

图一六三 M8出土铜镜（M8：23-11）

（愿），然雍塞而忽泄”。外区37字铭文：“洁清而事君，心驩咨明，佳玄锡之泽，超疏远日忘，怀美之穷禮，承驩之可说，慕窕之慕景，顛（愿）思毋。”直径18、缘宽1、厚0.6厘米（图一六三；图一六四，1）。

刷　1件。标本M8：23-12，原置于七子圆奁之马蹄形盒内。铜刷为圆管曲尺形，类烟斗状，器表錾刻纹饰。细长柄，两端较粗，截面呈扁圆形，柄端做兽首状，龙头衔舌状上翘。斗呈圆形，残存刷毛痕迹。长12.6、上头宽0.9、中部直径0.4～0.45厘米（图一六四，4）。

漆樽附件　1件。兽面衔环铺首。长约4.8、宽约3.3、环径2.8厘米（图一六四，3）。

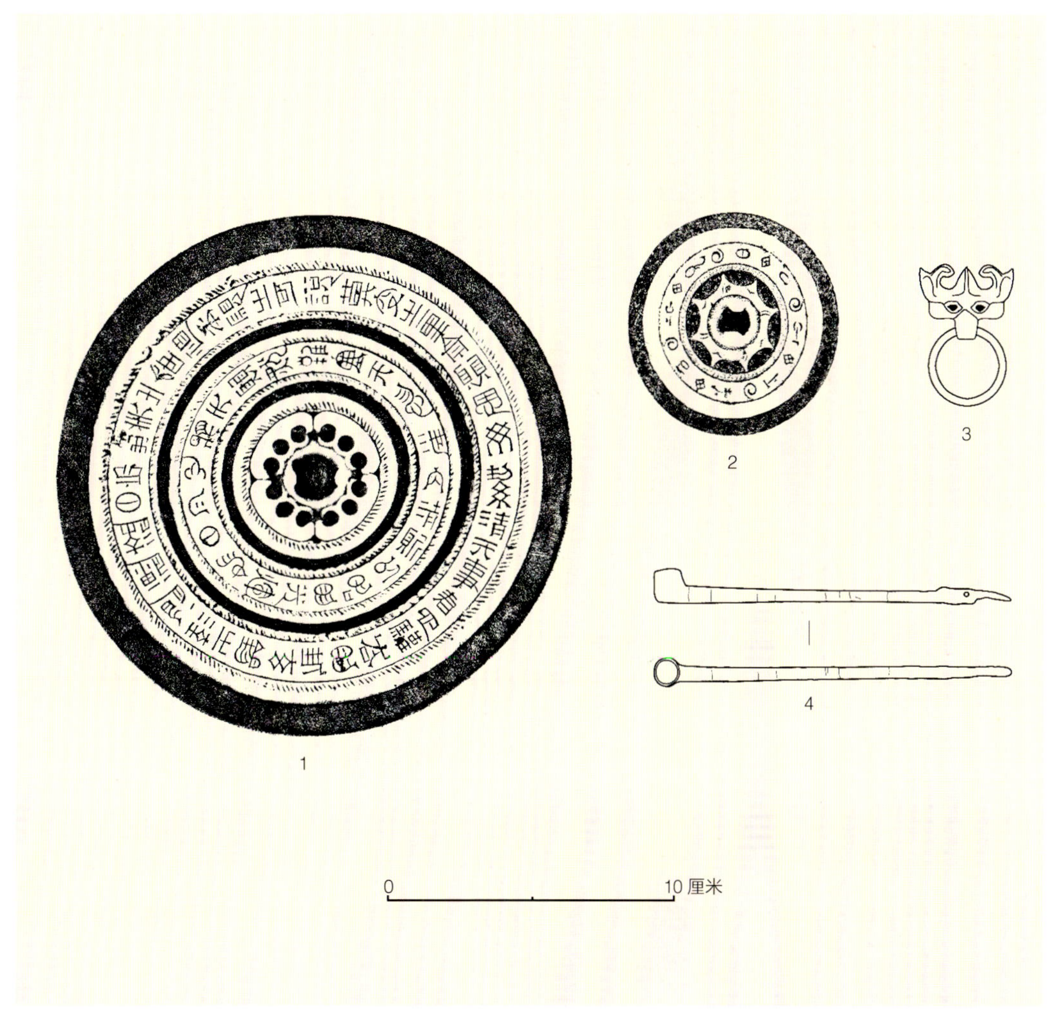

图一六四　M8出土铜器

1、2. 镜（M8：23-11、M8：21-2）　3. 漆樽附件　4. 刷（M8：23-12）

（4）漆、木器

1）漆器　共分两批放置，一批放置于器物箱东侧，一批放置于棺内。置于器物箱内的保存较差，多有破损朽烂，置于棺内的由于保存环境原因而保存较好。

七子圆奁，1套8件。标本M8：23，出于棺内东北角，除母奁（大圆奁）外，其余7件保存较好（图一六五）。母奁，夹纻胎，分为盒、盖两部分，呈圆筒形，内髹红漆，外髹褐漆。盖微残，盒残缺严重。盖面隆起，正中镶嵌四瓣柿蒂纹银箔饰，坡面以红、绿彩弦纹分隔图区，中间主纹绘云气纹，两边以红、绿彩绘变体几何纹。

图一六五　漆七子圆奁（M8：23）

图一六六　大圆奁盒盖（M8：23-13）

身上下绘弦纹带，弦纹间为变体几何纹带，中间以红、绿漆绘云气纹，并镶嵌银箔兽纹图案，盖内壁口沿部分有两道褐漆弦纹，弦纹间有变体几何纹（图一六六、图一六七）。盒残缺严重，盒身装饰与盖身相同，内底有褐漆云气纹。

母奁内有子盒7件，包括椭圆形盒、方盒、中长方形盒、长方形盒、马蹄形盒各1件及2件圆盒。均为夹纻胎，分为盒、盖两部分，内髹红漆，外髹褐漆。方形盒盖为盝顶，圆盒及马蹄形盒盖面隆起，顶部正中均有三瓣（马蹄形盒）或四瓣柿蒂纹饰，周以红漆弦纹分隔图区，各区内以红、绿色漆绘云气纹、变体几何纹等。盒身口底之间各一或两道红漆弦纹，中间为主纹，以红、绿漆绘制云气纹。盒身装饰与盖身相同，内壁素面，有的在内壁口沿以下饰一周黑色线纹，口沿与黑线之间有黑点纹。各器物尺寸如下。

棕漆　红漆　褐漆

0　10 厘米

图一六七　大圆奁盖（M8∶23-13）

标本M8：23-1，漆马蹄形盒（图一六八、图一六九）。盖，长8.6、短边6.6、高5.9、厚0.2厘米（图一七〇）；盒，长8.1、短边5.9、高5.3、厚0.2厘米。盒内放置木梳、木篦各1件。

图一六八　漆马蹄形盒（M8：23-1）

图一七〇　马蹄形盒盖顶（M8：23-1）

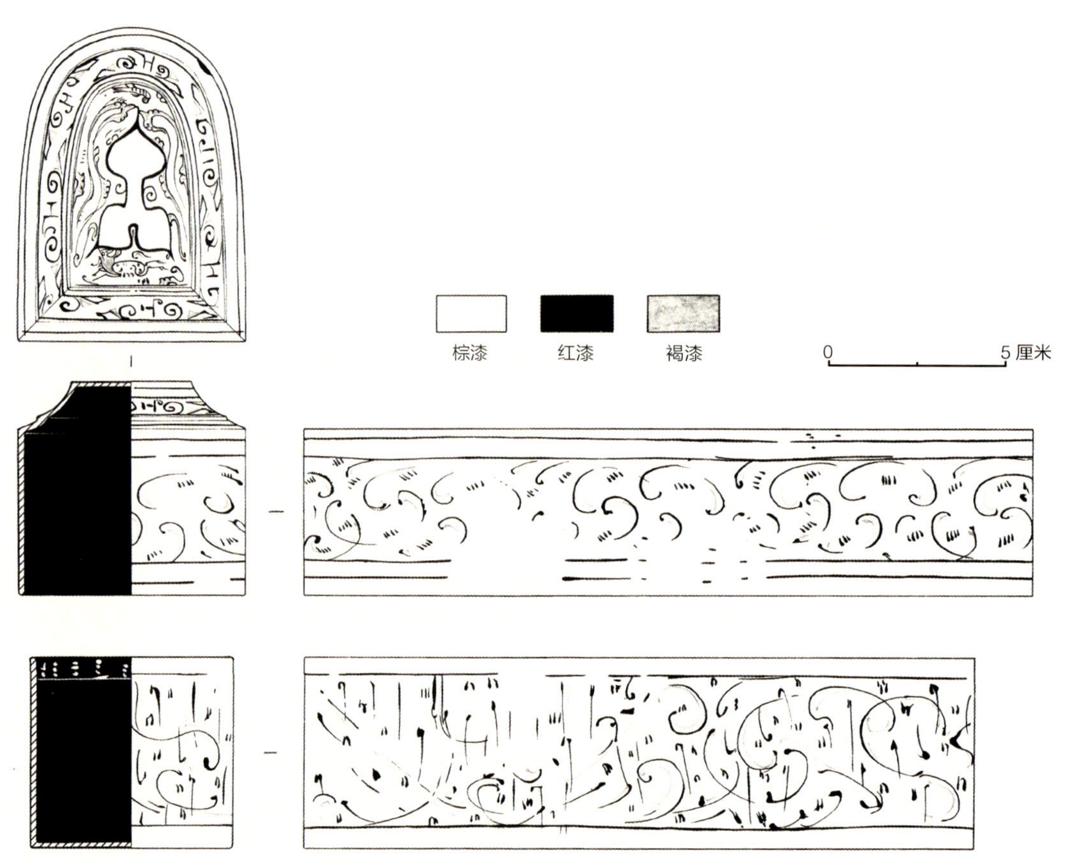

图一六九　漆马蹄形盒（M28：23-1）

标本M8∶23-2，长方形盒（图一七一、图一七二）。盒，长15、宽3、高4.6、厚0.2厘米；盖，长15.6、宽3.5、高4.9、厚0.2厘米（图一七三）。盒内放有铜刷1件，刷毛已缺失。

图一七一　漆长方形盒（M8∶23-2）

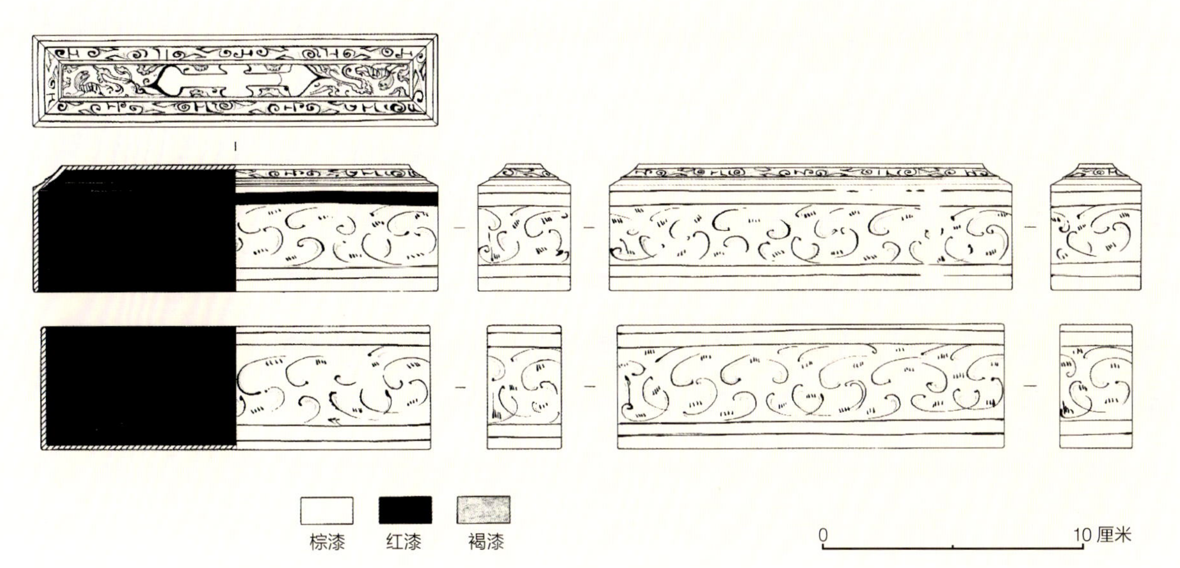

图一七二　漆长方形盒

图一七三　漆长方形盒盖顶（M8∶23-2）

标本M8：23-3，圆盒（图一七四、图一七五）。盒，直径7.5、高5.4、厚0.1厘米；盖，直径8.3、弧顶高1.4、高6、厚0.1厘米（图一七六）。

图一七四　漆圆盒（M8：23-3）

图一七六　漆圆盒盖顶（M8：23-3）

图一七五　漆圆盒（M8：23-3）

标本M8：23-4，长方形盒（中长）（图一七七、图一七八）。盒，高4.6、长7.4、宽3.1、厚0.2厘米；盖，高4.8、长7.85、宽3.65厘米。

图一七七　漆长方形盒（M8：23-4）

图一七八　漆长方形盒（M28：23-4）

标本M8：23-5，椭圆形盒（图一七九、图一八〇）。盒，高4.7、长6.9、宽2.4、厚约0.1厘米；盖，高4.9、长7.6、宽3.2、厚约0.2厘米。

图一七九　漆椭圆形盒（M8：23-5）

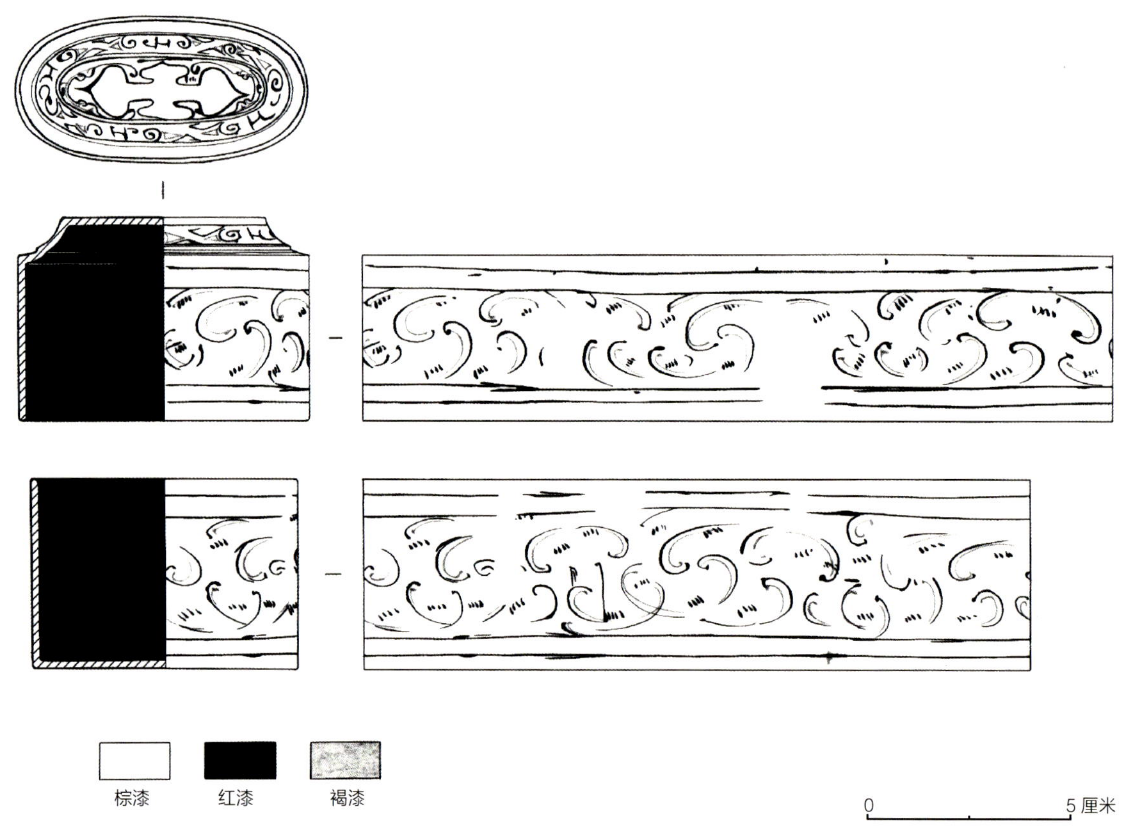

图一八〇　漆椭圆形盒（M8：23-5）

标本M8：23-6，小圆盒（图一八一、图一八二）。盖，直径4.9、通高4.8、厚0.1厘米；盒，直径4.5、高4.65、厚0.1厘米。

图一八一　漆小圆盒（M8：23-6）

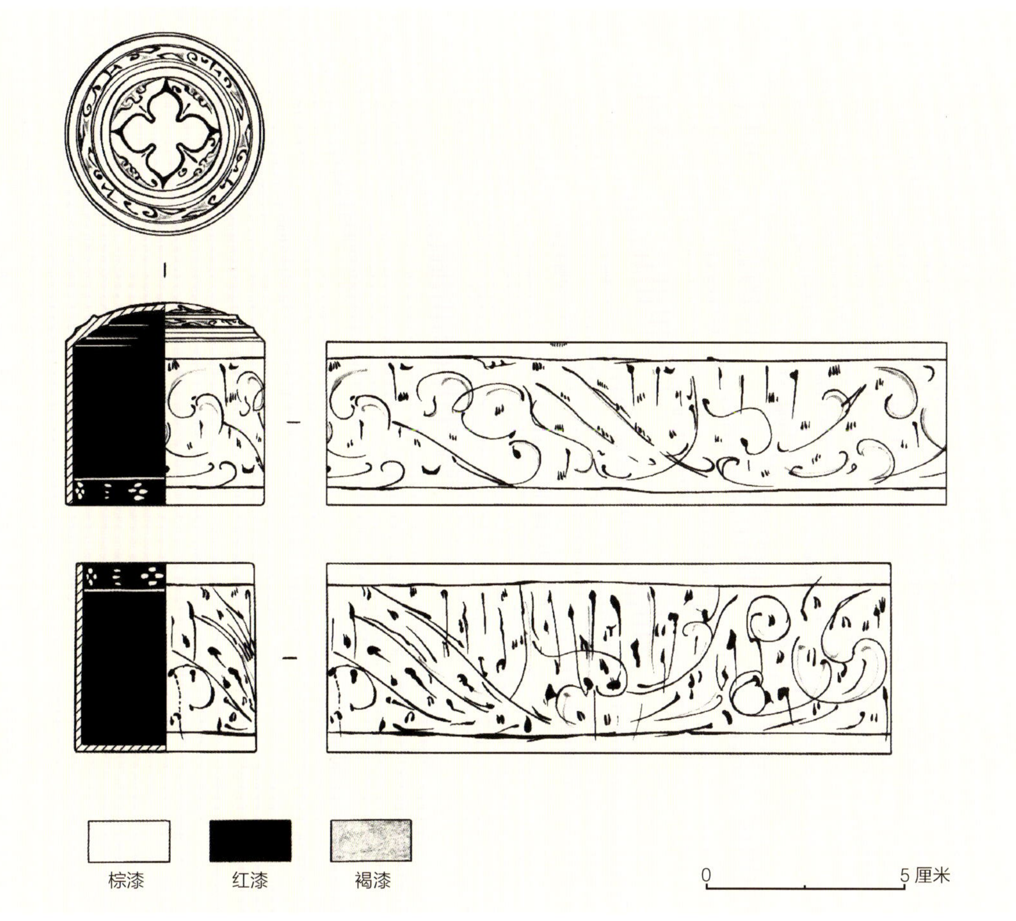

图一八二　漆小圆盒（M8：23-6）

标本M8：23-7，小方盒（图一八三、图一八四）。盒，边长3.4、高4.6、厚0.1厘米；盖，边长3.8、通高5、厚0.1厘米。

图一八三　小方漆盒（M8：23-7）

图一八四　漆小方盒（M8：23-7）

图一八五　漆嵌金圆奁（M8：21-1）

嵌金圆奁，1件。标本M8：21-1，夹纻胎，包括盒、盖两部分（图一八五；图一八七）。盖为弧顶，器表髹黑漆，内壁髹红漆。盖顶中央原镶嵌有柿蒂纹形饰，四瓣纹中央镶嵌有瓜子形宝石饰品，均已脱落。其外镶嵌一周带状银扣，银扣内、外各绘云纹图案，并镶嵌金箔质的云气纹、珍禽、瑞兽等（图一八六），盖身装饰与盒身相同，通高8.5、直径10、厚0.3厘米。奁残缺小半，其上部金箔饰品有残缺。奁为圆筒形，直口，方唇，直壁，平底。器内髹红漆，器外壁髹黑漆，口、中腰及底部各镶嵌一周带状银扣，银扣之间各以红漆绘云纹，云纹上下各有一周三角形金箔饰，云纹之间镶嵌飞龙及多种飞鸟走兽形金箔质片饰，金箔饰外均有红线勾勒轮廓。通高7.7、直径9.1、厚0.3厘米。盒内放置日光镜一面。

图一八六　漆嵌金圆奁另一面（M8：21-1）

A
B
A ↓
B ↑
C ↓

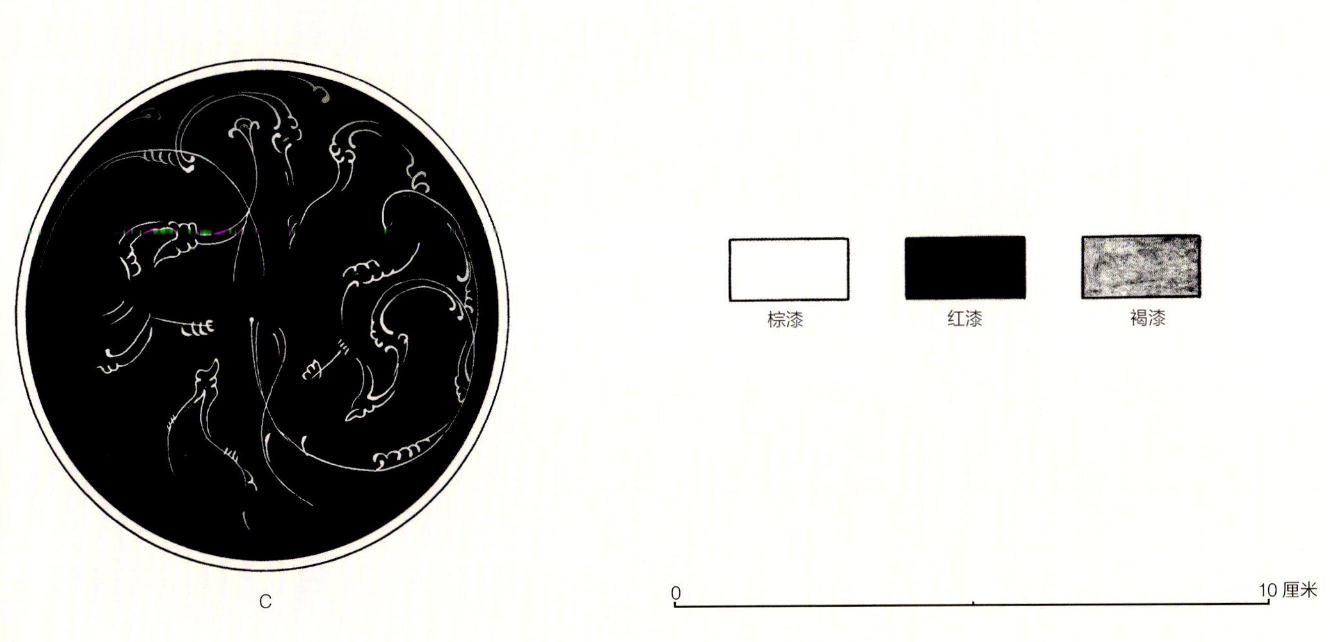

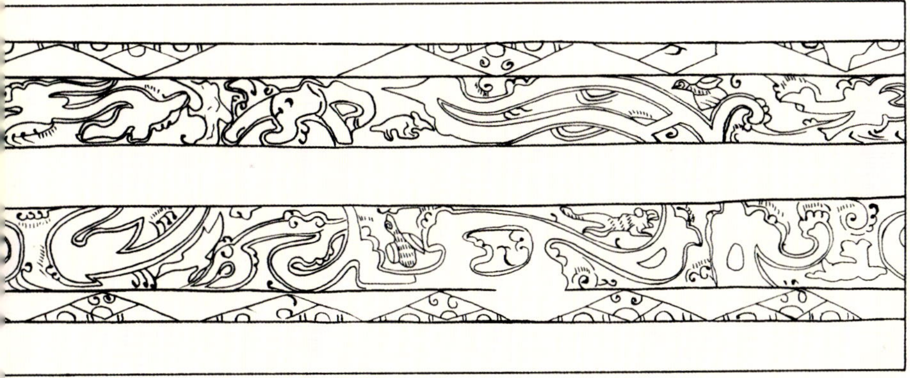

图一八七 漆嵌金圆奁（M8：21-1）

图一八八　漆耳杯（M8：8）

耳杯　11件。均出土于头箱，大多已残破，按形制不同可分二式。

Ⅰ式：3件。木胎。器呈椭圆形，两侧有斜翘的长耳，弧腹、平底。髹黑色或褐色或朱色漆。标本M8：8，微残。长16.4、宽（加耳）14.4、不加耳宽10.7、底长10.2、宽5.8、高4.4、带耳高5.2、器厚0.3～0.9厘米（图一八八、图一八九）。

Ⅱ式：8件。木胎。器呈椭圆形，两侧有斜翘的长耳，弧腹，平底，器形较Ⅰ式要小。器内髹红漆，外壁髹黑漆。标本M8：11，长10.7、全体宽9、口沿厚0.35、器宽6.9、高3.8、底长6.2、底宽3.8、厚

图一八九　漆耳杯（M8：8）

0.2～0.8厘米（图一九〇）。

樽　1件。标本M8∶13，出土于头箱东侧，残缺严重。木胎。器内髹红漆，器外壁髹黑漆，外壁并有红漆绘几何纹饰。残剩有铜樽足、铜衔环铺首等附件。樽身底径17.7、底厚0.9、壁厚约0.5厘米（图一九一）。

2）木器，均出于棺内。

木方　1件。标本M8∶18，长方形，边缘削薄，器身原附着有丝织物。长25.7、宽7.7、厚0.7、边缘厚0.4厘米（图一九二）。

图一九〇　漆耳杯（M8∶11）

图一九一　漆樽（M8∶13）

图一九二　木方（M8∶18）

木棍状器　1件。标本M8：19，剖面呈马蹄形，中间有穿孔，疑为木枕。长46.2、底宽5.2、孔径0.8、高5.5厘米（图一九三）。

木梳、篦　1套3件，形制基本相同，梳、篦背皆为半圆形，边缘稍薄，中间微鼓。齿的数量、疏密程度不一，两侧齿较粗（图一九四）。标本M8：23-8，木篦，40齿，2齿残。长4.4、宽6、梳背厚0.7厘米。标本M8：23-9，木篦，77齿，齿残缺。长8.2、宽6.3、梳背厚0.75厘米。标本M8：23-10，木梳，齿全残。

图一九三　圆木棍状器（M8：19）

图一九四　木梳、篦（M8：23-8、9、10）

木牍　1件。标本M8：22，长23、宽7、厚0.7厘米。木牍两面均有墨书隶书文字，记载随葬器物，属于遣册（图一九五）。

遣册录文（图一九六）：

一面：

相縠畫複衣絳縠大□，白練單（单）禂（襦）二，綪綺（绮）複帬（裙），□縠複诸于，繡（绣）單袷褕，月縠合衣綠縠緣，剽丸合衣綠丸緣，白縠畫衣綠縠緣；

綪綺袍月縠畫緣，綪縠帬（裙），綪縠禂（襦）白丸领袖，莉綺（绮）禂白丸领袖，桂丸袧，鳿（鸿）縠畫衣相縠緣，綪綺袧白丸緣，絳禂（襦）被白丸□，莉綺被白丸緣

另一面：

剽沐（冰）被絳襦□，緣袖，白丸大絝，練丸小絝，□子□镜衣一具，紬□镜衣一具，□一□二；

于衣一具，白裹巾一，孝巾一，練于巾一，絳繡苟（笥）一，白丸絑（袜）縑丸絑，仲牟簪一；

比丝履一两，綪丝履一两，絳繻簪褕一

（5）角器

擿　2件。长方形，7齿。

标本M8：24，通长22.9、宽1.3、厚0.2厘米（图一九七）。M8：25，通长25.4、宽1.3、厚0.2厘米。

图一九五　遣册一面（M8：22）

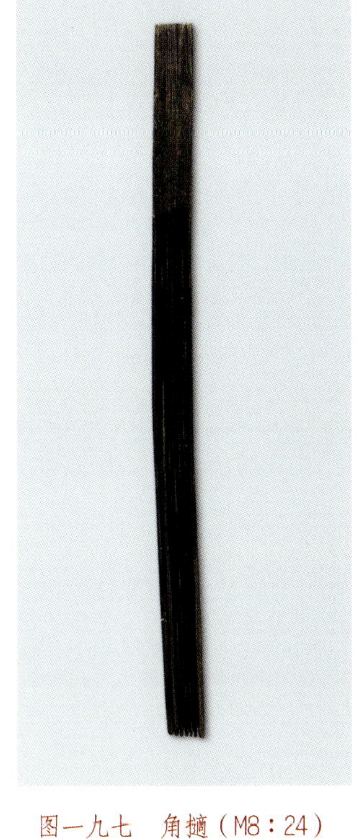

图一九七　角擿（M8：24）

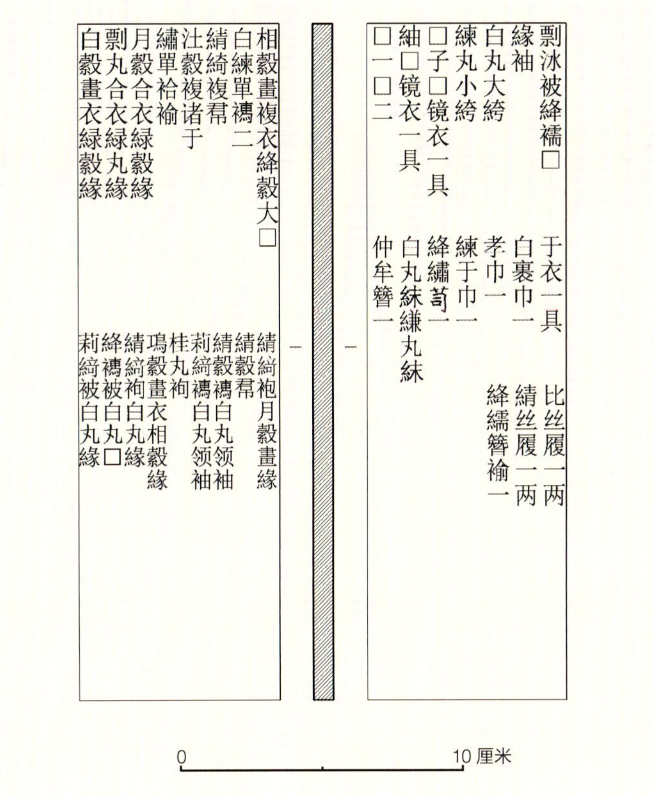

图一九六　M8出土遣册两面录文

九、M9

（一）墓葬形制

M9位于M10东、M13西，南北向，墓向357°（图一九八）。岩坑竖穴墓，平面略成长方形，壁微斜向内收，平底。南北长约3、北端宽约2、南端宽约1.6米，墓口距墓底深约2.4米，墓底长约2.7、宽约1.3米。墓内棺已朽，人骨亦不存。根据灰痕，棺长约2.1、宽约0.8米。墓室南端随葬器物铜镜与角擿各1件，未见其他随葬品（图一九九）。

（二）出土器物

铜镜　1件。标本M9：1，昭明镜。锈蚀严重，已碎裂为许多小块，圆形，圆纽，圆纽座，座外有“昭明……”铭文。素缘凸起。缘宽1.4、厚0.6厘米。

角擿　1件。标本M9：2，长方条形，2齿，卷曲变形。长29、宽1.2、厚0.15～0.2厘米（图二〇〇）。

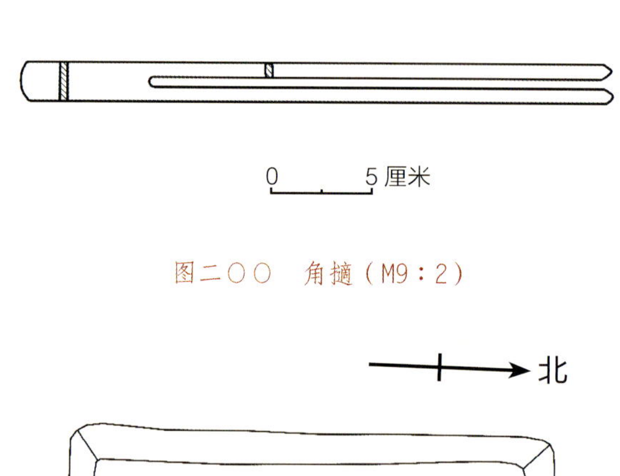

图二〇〇　角擿（M9：2）

图一九八　M9

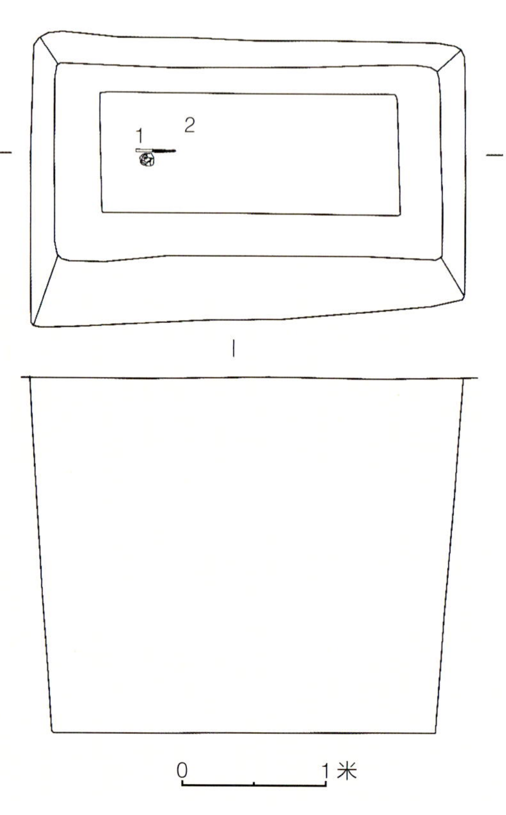

图一九九　M9平、剖面图
1.铜镜（M9：1）　2.角擿（M9：2）

十、M10

（一）墓葬形制

M10位于本次发掘区东南，即F2东南、M9西，墓室南北向，墓向172°（图二〇一）。带墓道"甲"字形岩坑竖穴砖椁墓，墓圹长约3.5、宽约2.3、墓口距墓底深约2.8米，墓道长约6.4、宽约1.5米，墓道最深1.1米。墓室内以素面青砖砌椁，四周以单层砖作为墙椁，顶部各铺砖一层，底部"人"字形铺砖一层，形成封闭的砖箱为椁室。棺板腐朽后，上层的砖塌陷叠压于棺底板之上。砖椁长约2.8、宽约1.3、高约1.6米，砖长0.245、宽0.115、厚0.035米。墓内置一棺，棺木已朽，人骨不存，墓室中部随葬用布帛包裹的铜钱1串，墓室南部随葬铜镜及铜刷各1件（图二〇二）。

图二〇一 M10

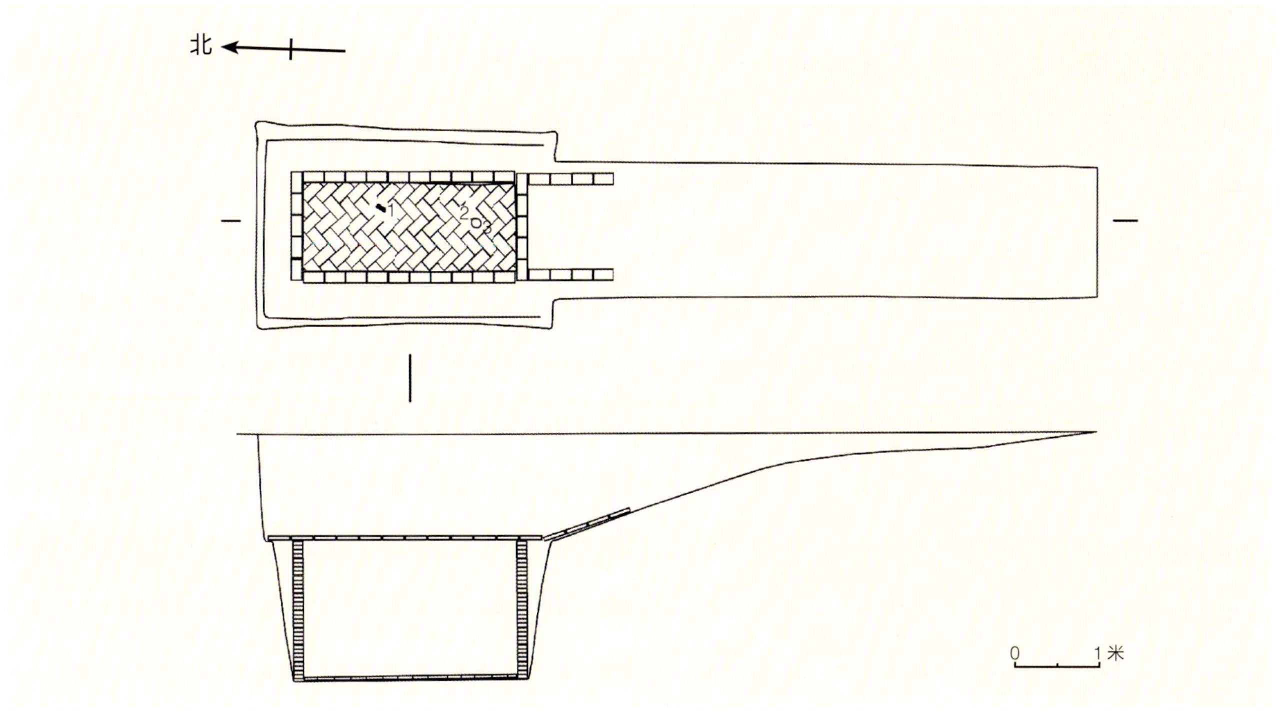

图二〇二 M10平、剖面图
1. 铜钱 2. 铜刷 3. 铜镜

（二）出土器物

铜刷　1件。标本M10：2，烟袋锅状，刷头已残。残长9.85厘米，刷柄中部径0.25～0.35厘米（图二〇三、图二〇四）。

铜钱　1串。标本M10：1，有绳索穿系、织物包裹痕迹，已锈蚀在一起，铭文难识。外郭径2.6、穿径0.9、厚0.15～0.2厘米（图二〇五）。

铜镜　1件。标本M10：3，四乳瑞兽镜，圆形，圆纽，圆纽座，纽外圆周有八组短线条，座外一周凸弦纹，其外两周短斜线纹之间为主纹，四乳与四禽兽相间。四乳有圆纽座，四禽兽为龙、虎及二朱雀，双线波状纹缘。直径11、缘宽1.4、厚约0.4厘米（图二〇六、图二〇七）。

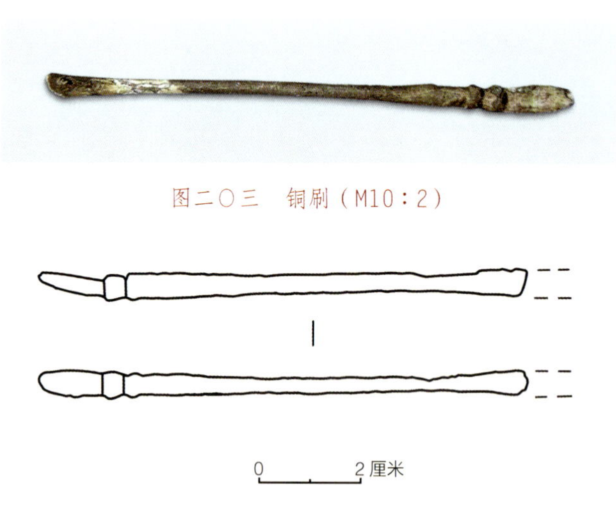

图二〇三　铜刷（M10：2）

图二〇四　铜刷（M10：2）

图二〇五　铜钱（M10：1）

图二〇六　铜镜（M10：3）

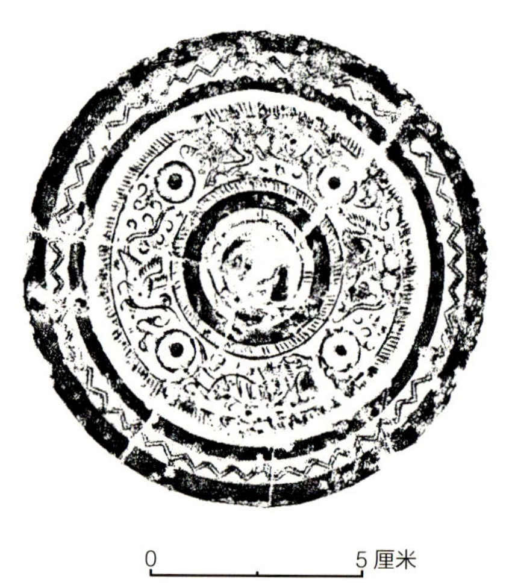

图二〇七　铜镜（M10：3）

十一、M11

（一）墓葬形制

M11位于F3下，M12东部。近南北向，墓向189°（图二〇八）。带墓道“甲”字形岩坑竖穴砖椁墓，墓圹长约3.5、宽约2.3米，墓口距墓底深约2.8米，墓道长约6.4、宽约1.5米，墓道最深1.1米。墓室东西两侧留有二层台，墓室内以素面青砖作椁，二层台处作砖椁紧贴墓壁垒砌，东西壁以单层砖作墙椁，南、北壁均未铺砖作墙椁，顶部及底部均“人”字缝铺砖一层。砖椁长约3、宽约1.4、高约0.8米。砖长0.245、宽0.115、厚0.035米。墓室北侧随葬原始青瓷壶1件、陶器3件。椁内置一棺，棺板腐朽后，上层的砖椁盖塌陷叠压于棺板之上。棺内人骨已腐朽不存，棺室内出土铜镜1件、铜钱一串20余枚（图二〇九）。

图二〇八 M11

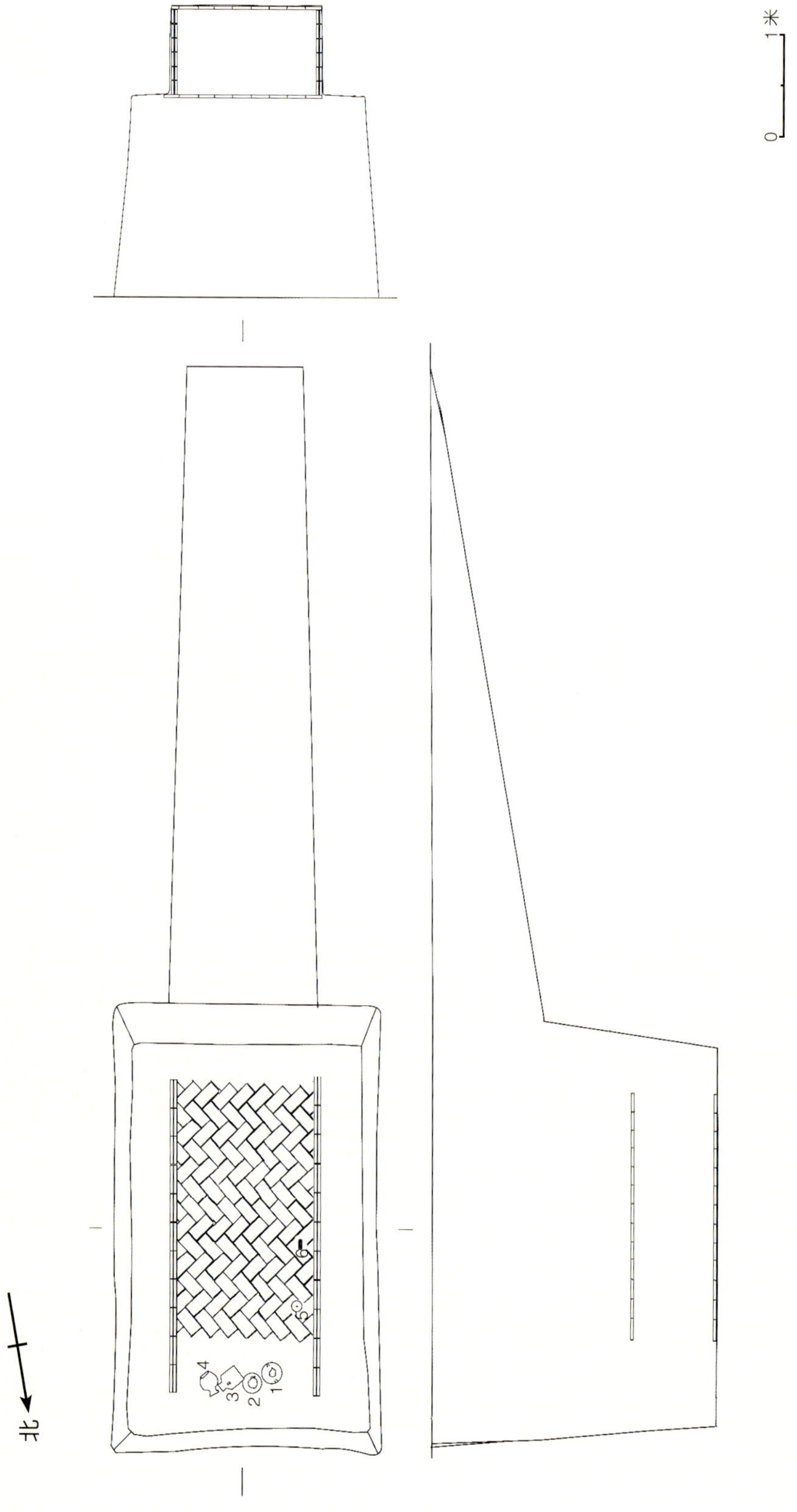

图二〇九　M11平、剖面示意图
1.原始青瓷壶　2～4.陶罐　5.铜镜　6.铜钱

（二）出土器物

（1）原始瓷器

1件。

标本M11：1，原始青瓷壶。口残，长束颈，溜肩，鼓腹，平底微向内凹。口沿内部、肩及上腹部施黄绿色釉，其余部分均呈现红褐色胎。颈部饰两道凹弦纹，底部贴塑对称叶脉纹双耳，同时还有二组凸弦纹，下腹部旋出多重瓦棱纹。底径11.4、腹径21.6、残高26.4、厚0.4～0.6厘米（图二一〇；图二一六，1）。

图二一〇　原始青瓷壶（M11：1）

（2）陶器

3件。

陶壶　2件。标本M11：2，夹砂灰陶。圆唇，盘口，短束颈，溜肩，鼓腹，矮圈足。口沿下侧有凹弦纹两道，肩腹部对称贴塑叶脉纹双耳，耳上下侧各有一道弦纹。口径12、底径11.6、腹径20.8、高27.8、厚0.4～1厘米（图二一一；图二一六，2）。标本M11：3，瓶形壶。夹砂灰陶，圆唇，直口，长颈，颈部有束痕，斜肩，直腹，平底，肩腹部交接处对称接双耳，耳处有弦纹两道，口径10.8、底径16、肩宽18.4、高25.6、厚0.8～1.2厘米（图二一二；图二一六，4）。

图二一一　陶壶（M11：2）

陶罐　1件。标本M11：4，夹砂灰陶。方唇，盘口，束颈，溜肩，鼓腹，平底。腹部有戳印的点线纹数道。口径12、底径11.2、腹径20、高22.8、厚0.4～0.8厘米（图二一三；图二一六，3）。

图二一二　陶壶（M11：3）

图二一三　陶罐（M11：4）

（3）铜器

四神博局镜　1件。标本M11：5，圆形，圆纽，四叶纹纽座，纽座外方格及四乳、博局纹将其分为四方八区，区间配以四神等纹饰，其外短斜线纹与锯齿纹各一圈，云气纹缘。直径13.6、缘宽1.6、厚0.5厘米（图二一四；图二一六，5）。

铜钱　28枚。标本M11：6，均为“大泉五十”，其中26枚完整、2枚残缺。外郭径2.85、穿径0.8、厚0.2～0.28厘米（图二一五）。

图二一四　四神博局铜镜（M11：5）

图二一五　铜钱（M11：6）

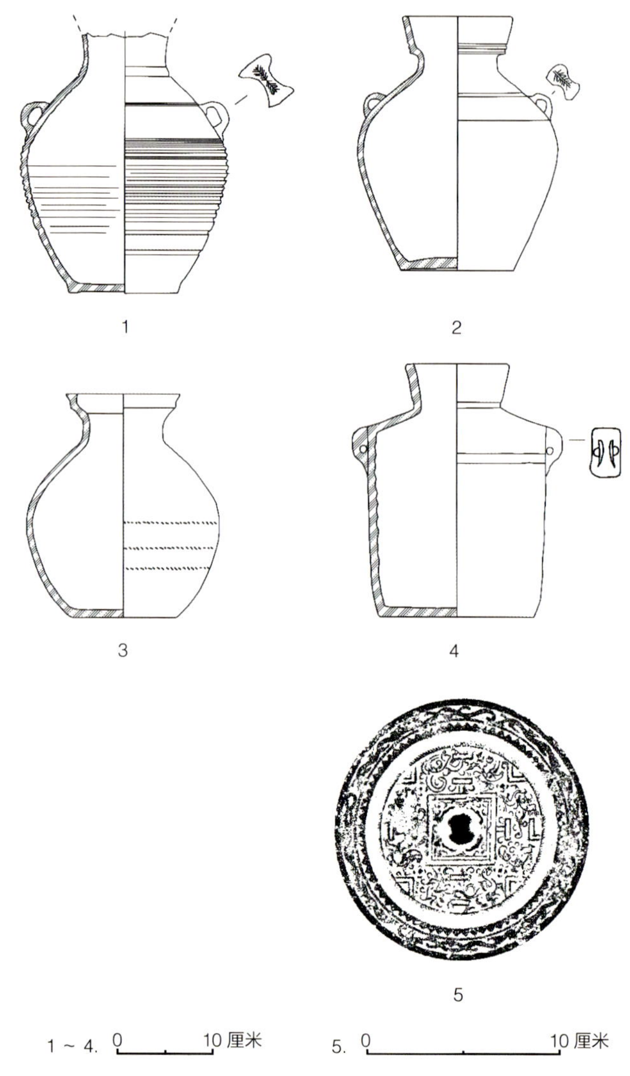

图二一六　M11出土器物

1.原始青瓷壶（M11：1）　2、4.陶壶（M11：2、M11：3）　3.陶罐（M11：4）
5.四神博局铜镜（M11：5）

十二、M12

（一）墓葬形制

M12位于F3下，M11西侧，南北向，墓向0°（图二一七）。长方形岩坑竖穴墓，墓壁微斜向内收，墓口长约3.3、宽约2.2、墓口距墓底深约3.35米。墓底铺砖一层，其东西侧各有一道纵贯南北的凹槽，宽约0.2米。砖上部铺有约0.2米厚的陶、瓦片堆积，砖底亦填埋约0.15米厚的陶、瓦片堆积，从其堆积方法看算是“积陶墓”。因为被盗掘破坏，该墓仅采集到19枚“大泉五十”铜钱，此外未发现任何随葬品（图二一八）。

图二一七　M12

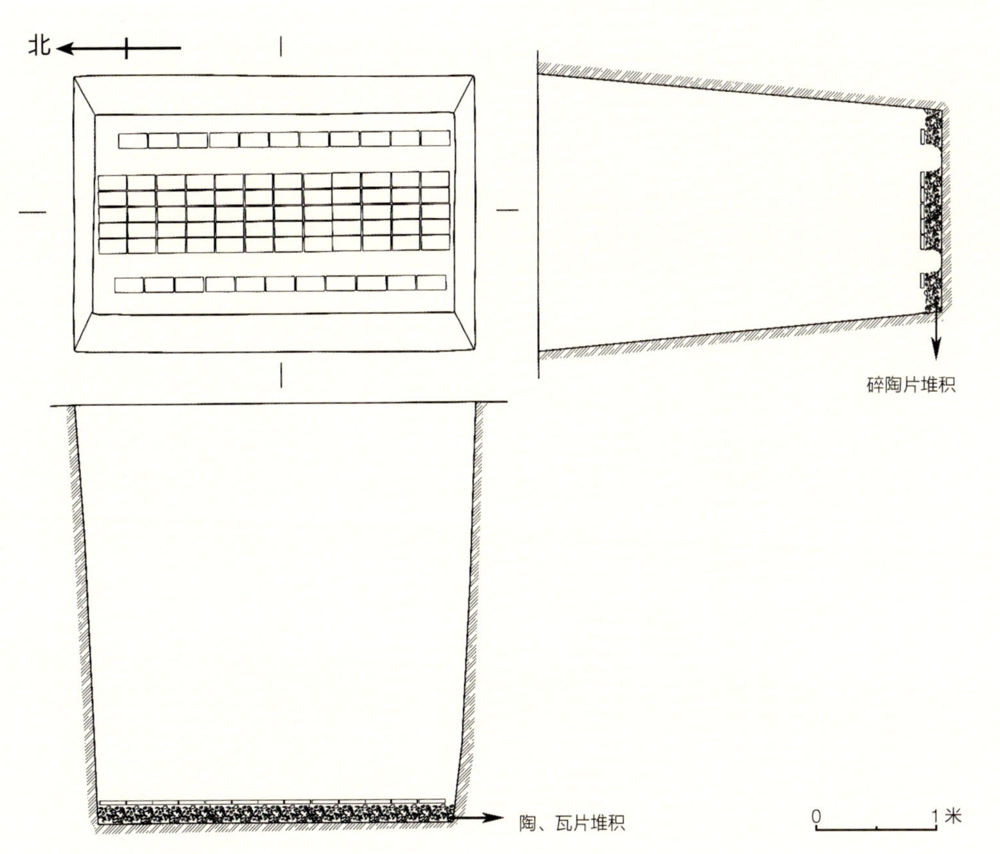

图二一八　M12平、剖面图

（二）出土器物

铜钱　标本M12：1，均为“大泉五十”，清理墓室填土时候发现，共19枚。外郭径2.85、穿径0.8、厚0.2~0.28厘米（图二一九、图二二〇）。

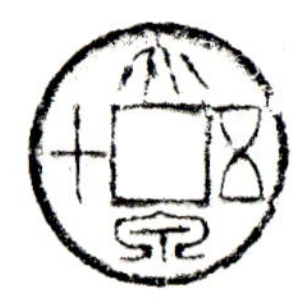

0　2厘米

图二二〇　“大泉五十”铜钱拓片（M12：1）

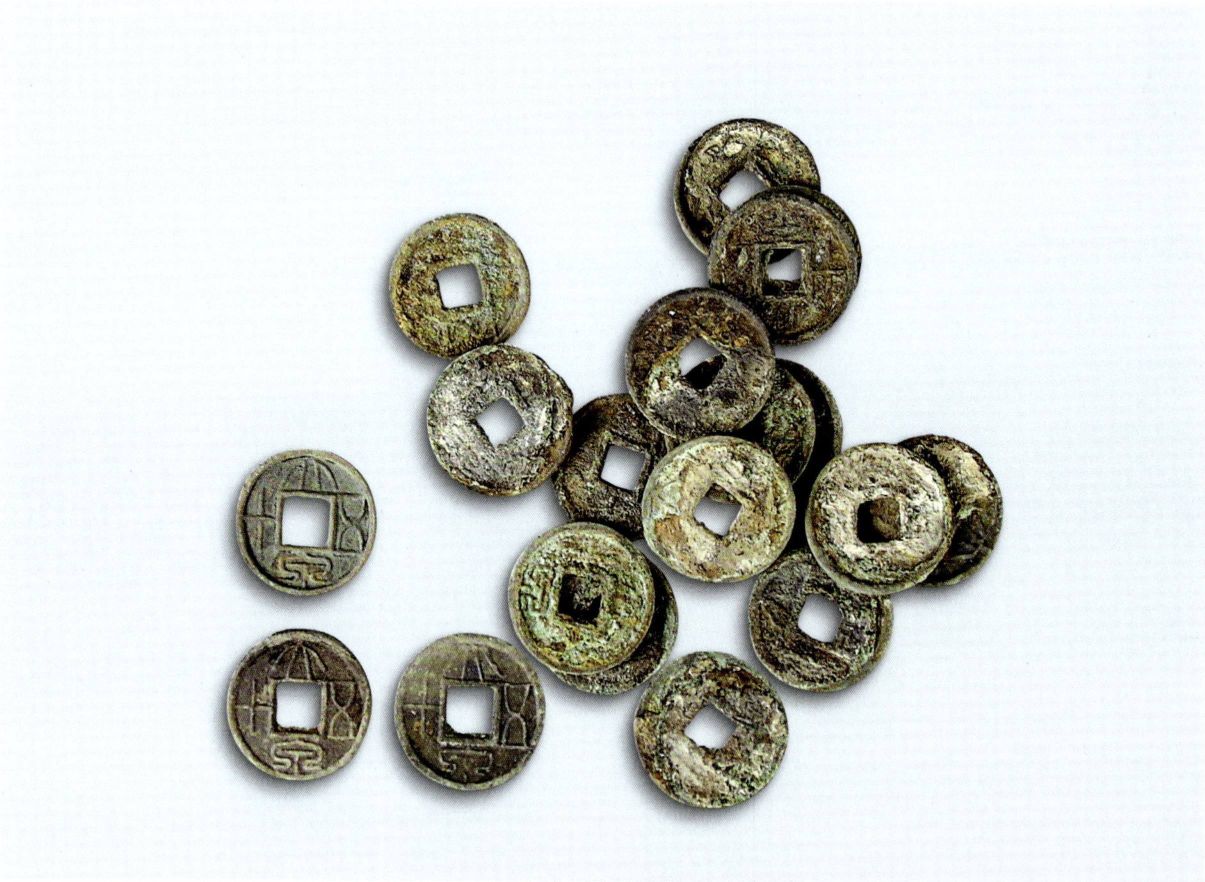

图二一九　铜钱（M12：1）

十三、M13

（一）墓葬形制

M13位于M9东部，长方形岩坑竖穴砖椁墓，近南北向，墓向8°（图二二一）。墓壁向内斜收，平底。长约4、宽2～2.2、墓口至墓底深约2.2米。墓底长约3.4、宽约1.6米。以素面青砖砌椁，墓室四周以单层砖作为墙椁，顶部铺砖两层作为椁盖，底部“人”字缝铺砖一层，形成封闭的砖箱为椁室。砖椁长约3.3、宽约1.5、高约0.85米，砖长0.245、宽0.115、厚0.035米。棺板腐朽，上层的砖椁盖塌陷叠压于棺底板之上。墓内置一棺，棺木已朽，人骨不存，墓室北侧为器物箱，随葬原始瓷器3件、陶器1件，墓棺内随葬铜镜1件、铜刷1件（图二二二）。

图二二一　M13

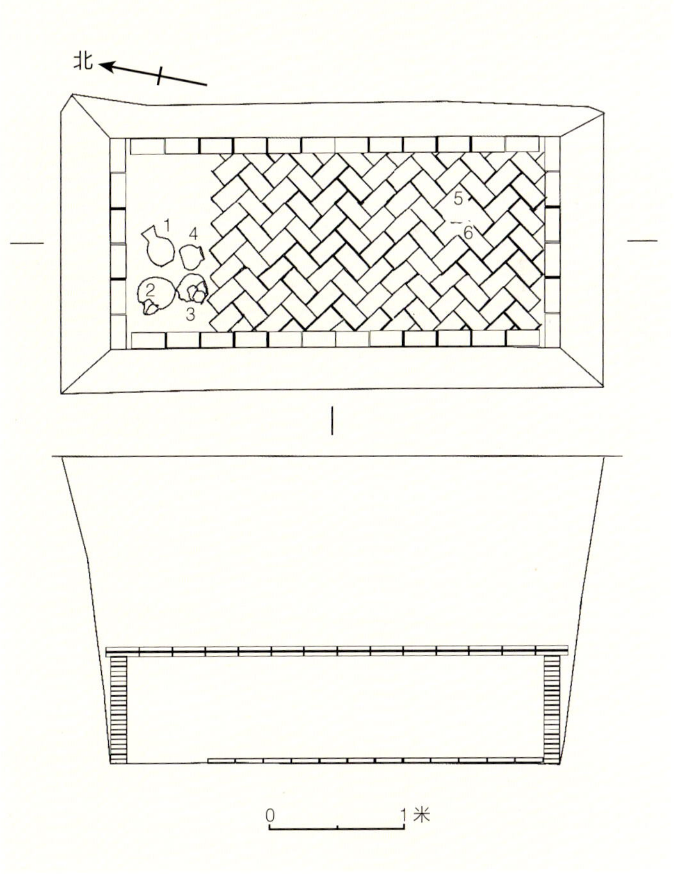

图二二二　M13平、剖面图

1～3.原始青瓷壶　4.陶罐　5.铜镜　6.铜刷

图二二三　原始青瓷壶（M13：1）

（二）出土器物

（1）原始瓷器

3件。

标本M13：1，尖唇，敞口，长束颈，溜肩，鼓腹，矮圈足底。器形制作规整，有气泡鼓出。口沿内部、肩及上腹部施黄绿色釉，其余部分均呈现红褐色胎。口沿及颈下部均刻划波浪纹，肩腹部绘制变体鸟纹，肩部对称贴塑叶脉纹双耳，有二组凸弦纹，下腹部旋出多重瓦棱纹。口径14.4、底径14、腹径26、高32.2、壁厚0.5～1厘米（图二二三；图二二七，1）。标本M13：2，口部残，束颈，溜肩，鼓腹，矮圈足底。口沿内部、肩及上腹部施黄绿色釉，其余部分均呈现红褐色胎。口沿及颈下部均刻划波浪纹，肩部对称贴塑叶脉纹双耳，同时还有二组凸弦纹，下腹部旋出多重瓦棱纹。底径11.2、腹径21.6、残高22、壁厚0.3～0.6厘米（图二二四；图二二七，2）。标本M13：3，尖唇，敞口，长束颈，溜肩，鼓腹，矮圈足底。器形烧制微变形，有气泡鼓出。口沿内部、肩及上腹部施黄绿色釉，其余部分均呈现红

图二二四　原始青瓷壶（M13：2）

图二二五　原始青瓷壶（M13：3）

褐色胎。口沿及颈下部均刻划波浪纹，肩部对称贴塑叶脉纹双耳，同时还有三组凸弦纹。口径11、底径11.2、腹径18.6、高25.6、厚0.4～1.4厘米（图二二五；图二二七，3）。

（2）陶器

1件。

陶罐 标本M13：4，泥质灰陶。方唇，敞口，束颈，溜肩，鼓腹，平底。素面。口径13.4、底径14.4、腹径22、高23.5、壁厚0.4～0.6厘米（图二二六；图二二七，4）。

图二二六 陶罐（M13：4）

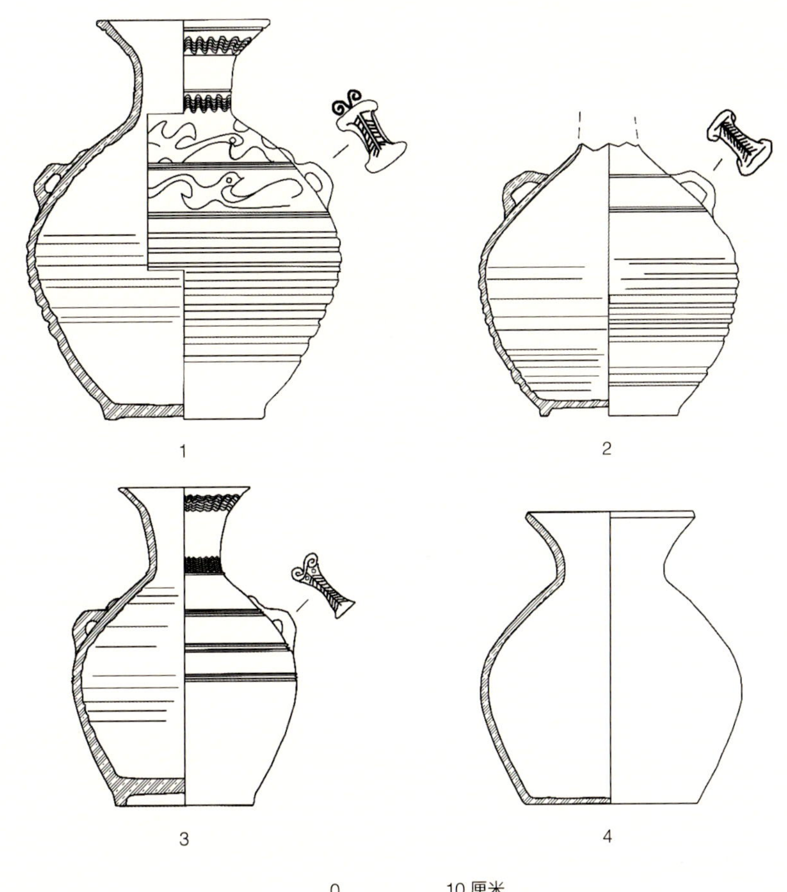

图二二七 M13出土陶、瓷器

1～3.原始青瓷壶（M13：1、M13：2、M13：3） 4.陶罐（M13：4）

（3）铜器

四乳蟠虺镜 1件。标本M13：5，锈蚀严重，已残断为三块。直径11.8、缘宽1.2、厚0.7厘米（图二二八）。

铜刷 1件。标本M13：6，残为两段，刷头不见。残长10.5厘米（图二二九）。

图二二八 四乳四虺镜（M13：5）

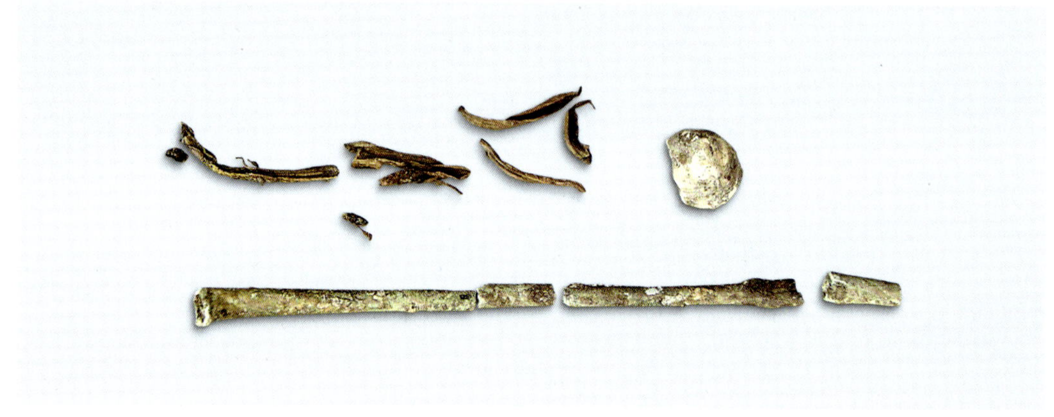

图二二九 铜刷（M13：6）

结　　语

本次考古发掘的3座封土之下各有2座墓葬，封土的堆筑形制较为特殊，尤其是F1、F2，将墓坑中挖掘的砂石堆叠在墓葬口四周并以膏泥加固，借以加高墓葬开口高度的修筑方法值得关注，这在以往汉代封土墓发掘中少有发现或述及。根据F2叠压在F1，可知M7、M8年代早于M5、M6，据F3内封土叠压关系，M12早于M11，而M11与M12均出土“大泉五十”铜钱，M11还出土四神博局镜，判断其时代均为新莽之后。

从墓葬形制上看，本次考古发现的墓葬以岩坑竖穴砖木混合椁形制为主。一般来说，竖穴木椁墓流行于西汉时期，从以往考古发现看，青岛地区此时也流行木椁墓，莱西岱墅、董家庄墓地，胶南厥上、殷家庄等汉墓均有发现，且这些墓多为砖木混合椁墓，一般椁内还有分箱。而两汉时期，此类形制的墓葬广泛分布于长江中下游楚故地，苏北、皖北的木椁墓就相当发达，尤以江苏扬州、连云港，安徽阜阳、天长一带发现较为集中，因此，土山屯木椁墓形制更接近南方楚及吴越故地的风格。土山屯大多墓葬于木椁外再设有砖椁，目前发现砖木混合椁墓也广泛分布于鲁东南沿海地区，其中的砖椁墓又是鲁北等地区汉墓的流行风格。因此，砖椁加木椁这样两种风格的墓葬形制在此融合，也说明该地区在当时深受南北两种地域文化交流的影响。此外，M12墓室填土及墓底均填埋大量的陶、瓦片堆积，推测其用途与“积贝、积沙、积石”墓的用途相似，可能也有一定防盗的考虑，可称之为“积陶墓”，而此种墓葬形制目前在青岛地区是首次发现。

“人”字形椁顶是本次发掘收获之一。检视以往本地区汉墓发掘收获，1980年发掘的莱西岱墅墓地M2墓葬形制描述中，也应存在类似的“人”字形椁顶。汉代常见的木椁都是简单的平顶，“人”字形椁顶较为少见，应当是模仿两面坡顶屋顶搭建的。类似的木椁顶，先秦墓葬中也有发现，如山西新绛县柳泉村墓地的M301、河南洛阳市西郊M4等，据孙华先生研究，先秦中原地区这种两面坡椁顶的木构椁室，可能还影响到战国后期至西汉时期中原地区流行“人”字形两面坡顶的空心砖墓，土山屯汉墓发现的“人”字形顶椁可能即是受此影响。当然，这种椁室形制也很容易让人联想到以印山大墓为代表的无墙两坡“人”字形木椁墓，目前已有多座类似墓葬发现于江苏、浙江沿海一带，有研究者推测这是属于越人的一种独特埋葬制度。汉代漆器和原始瓷器多出土于长江中下游的楚及吴越文化墓葬中，这是属于楚及吴越故地居民的一种埋葬文化。从历史上看，楚及吴越势力均曾深入青岛域内，对当地的埋葬文化应该是有过冲击影响的，从土山屯汉墓也能够看到相关的影响。

从出土器物看，本次发掘的一大收获就是漆器的出土。目前，山东地区出土漆器的汉墓多集中于鲁东南沿海一带，以日照海曲墓地，临沂金雀山、银雀山墓地等为著。本次考古出土漆器主要集中在M6与M8中，这两座墓出土的漆器与鲁东南沿海地区同时期木椁墓出土的漆器有很大的相似性。从全国范围比较，西汉前期的楚故地墓葬中常随葬大量漆器，且由于环境原因多保存较好。至西汉中晚期则以扬州地区出土漆器为著。扬州漆器多为胎薄质轻的日常生活用品，装饰题材主要是想象中的珍禽、瑞兽和羽人形象，并且在装饰中擅长借助抽象的云气分割画面。其制造工艺高超，擅长各种胎质，有着成熟的镶嵌和金银平脱技术。土山屯汉墓出土漆器器形、胎质、装饰风格等均与扬州、连云港一带西汉中晚期木椁墓出土漆器非常相似，甚至有些完全相同，几疑是同一作坊生产。因此，其生产及使用的年代当为西汉中晚期之后。此外，M6、M8出土的日光镜、昭明镜、四乳四虺镜均是西汉中晚期流行的铜镜，M6出土剪轮五铢出现于西汉晚期。因此，结合墓葬形制及出土器物综合分析，M6、M8应属于西汉晚至东汉早期墓葬。

土山屯汉墓规模较大，本次发掘的部分墓葬规格较高，出土器物尤其是漆器、玉器等均极精美，应为当时贵族所享用。靠近该墓群西南，还有一处汉墓保护单位“双崮墩”，顾名思义，有两座大型封土。其中一号墩高24、边长100余米；2号墩高9、边长55余米，应该与土山屯汉墓是有密切关系的，可能同属于一处汉代贵族墓地。在土山屯汉墓北约3.5千米处有一处祝家庄遗址，其地理环境为一处三面环山一面敞开的小盆地，近年来的考古工作发现，该遗址实际面积比原调查确定范围更大，而且遗址内文化内涵丰富、延续使用时间较长，已发现包括龙山、周、汉唐宋时期的文化遗存。青岛市文物保护考古研究所曾对该遗址进行过一次抢救性考古清理，发现了壕沟、保存完好的陶水管道以及数量较多且形制不同的“千秋万岁”瓦当、带花纹铺地砖等建筑构件，证明该处当存在大型汉代建筑基址，表明这里应当存在过一处汉代城址。从地理位置上看，其南侧的山岭之上存在包括土山屯等多处汉代墓葬群。因此，埋葬在这里的很有可能是当时城址内的居民，只是未见有对该城址较为详细的历史文献记录。

土山屯汉墓的发掘是青岛市汉代考古的一次重要收获，其墓葬形制及出土器物具有鲜明的楚及吴越文化特色，对鲁东南沿海地区汉代埋葬制度研究具有重要意义，也为研究汉代地域文化以及物质文化生产水平提供了珍贵的实物资料。

领　　队：林玉海

发　　掘：郑禄红、杜义新（青岛市文物保护考古研究所）
　　　　　纪中良、翁建红、毛文山、唐佃增（青岛市黄岛区博物馆）

资料整理：郑禄红、杜义新、彭峪、陈宇鹏（青岛市文物保护考古研究所）
　　　　　翁建红、李祖敏、郝治国、于法霖、郭长波（青岛市黄岛区博物馆）

修　　复：杜义新

绘　　图：郑禄红、杜义新、彭峪

漆器绘图：亢艳荣

清　　绘：郑禄红

拍　　照：郑禄红、彭峪

拓　　片：杜义新、陈宇鹏

执　　笔：郑禄红

廒上村汉墓

第一节 发掘概况

2005年11月25日，胶南市文化局、青岛市文物局得知海青镇廒上村村民在取土时发现疑似古墓一座。青岛市文物保护考古研究所、胶南市博物馆接讯后立即派员赶往现场查看，确认是一处已经暴露的古代墓葬（编号为05JAM1，简称M1）。M1南边墓壁已被破坏，暴露出大部分的椁板，周围围观村民众多，保护形势严峻。

有鉴于此，青岛市文物保护考古研究所、胶南市博物馆联合组队立即对其进行抢救性清理发掘。发掘时间为11月26～31日，抢救清理工作结束后，出土文物及葬具全部安全运往胶南市博物馆。清理结果表明，这座墓葬是青岛地区目前发现的规模较大、保存较完整、出土文物较丰富的西汉中晚期墓葬。现将墓葬情况简介如下。

第二节 墓葬资料

廒上村隶属青岛市胶南海青镇，东北距胶南市区约50千米，南部与日照地区相接，同三高速公路从村北穿过。M1即位于廒上村西南麦场上。

M1上部残存有高约6米的封土堆，封土底部周长约30米。2002年修建同三高速公路时，周围的土已经挖走卖掉，唯独此处因其上部有一军事观测点而留存，故墓葬得以幸运保存下来。

M1的葬具为两椁重棺，方向287°。墓室总长5、宽3.44米（图一）。墓葬形制如下（图二）：墓室四壁及墓室底部均砌有青砖，构成砖椁，砖椁长4.2、宽2.24米。墓砖一般长约28、宽约12、厚约4厘米。四周砖壁垒砌方式不一，没有规律可循且通缝现象比较严重。墓底均以竖排方式铺青砖。

M1葬具保存相对较好，结构清晰。砖椁内部四壁紧贴有木板，底部也横铺有木板，从而形成木构外椁室。外椁室上部所铺盖板为南北向，每块盖板长约2、宽0.29、厚0.06～0.08米。盖板上面有厚约1厘米的木炭，其上有厚约5厘米的灰膏泥。外椁室长3.85、宽1.9米。东椁板长2.24、宽0.26～0.39、厚0.17米；西椁板长2.24、宽0.32～0.44、厚0.18米；北椁板长3.9、宽0.3～0.38、厚0.15米；南椁板长3.9、宽0.38、厚0.19米。椁室底板长2.23、宽0.37～0.62、厚0.16米。

椁室由头箱、脚箱、两个边箱构成。头箱长约1.9、宽约0.46米，头箱盖板长1.9、宽0.3、厚0.03米。脚箱长约1.9、宽约0.8米，脚箱有两块盖板，均长1.9、厚0.03米，宽分别为0.3、0.4米。北边箱长约2.53、宽约0.39米。北边箱盖板长约2.4、宽约0.2、厚约0.03米。南边箱长约2.53、宽约0.39米。南边箱有两块盖板，盖板上有木条一根。盖板

图一 M1

均长约2.5、厚约0.02米，宽分别为0.16、0.35米。木条长2.43、宽0.12、厚0.06米，两端各有一个穿孔，用途不明。

外棺位于椁室中央紧贴内棺，长2.31、宽0.93米，棺板厚0.07米。内椁外围涂抹一层厚0.06～0.1米的灰膏泥。东西端的膏泥厚0.1米左右，南北边的膏泥厚0.06米左右，外棺外侧髹红漆。

内棺位于外棺内部，比外棺高约4.5厘米，呈长方形，单棺（图三）。从残存痕迹来看，棺室上应该覆盖有至少两层织物，纹理细密但腐朽严重。棺长2.15、宽0.78、厚0.105米。棺盖板长约2.15、宽约0.78、厚0.1米。棺外侧髹黑漆饰白色纹饰，但纹饰已不可分辨，棺内侧、棺盖板髹红漆。

棺与棺盖板、棺身转角处均以榫卯方式扣合，棺身壁板之间以燕尾槽方式扣合，使得棺室十分牢固。

棺内未发现人骨，仅在棺内东部发现了保存完好的头发（图四），推测墓主人头向东。根据头发的发型、装饰，推测墓主人应为成年女性。

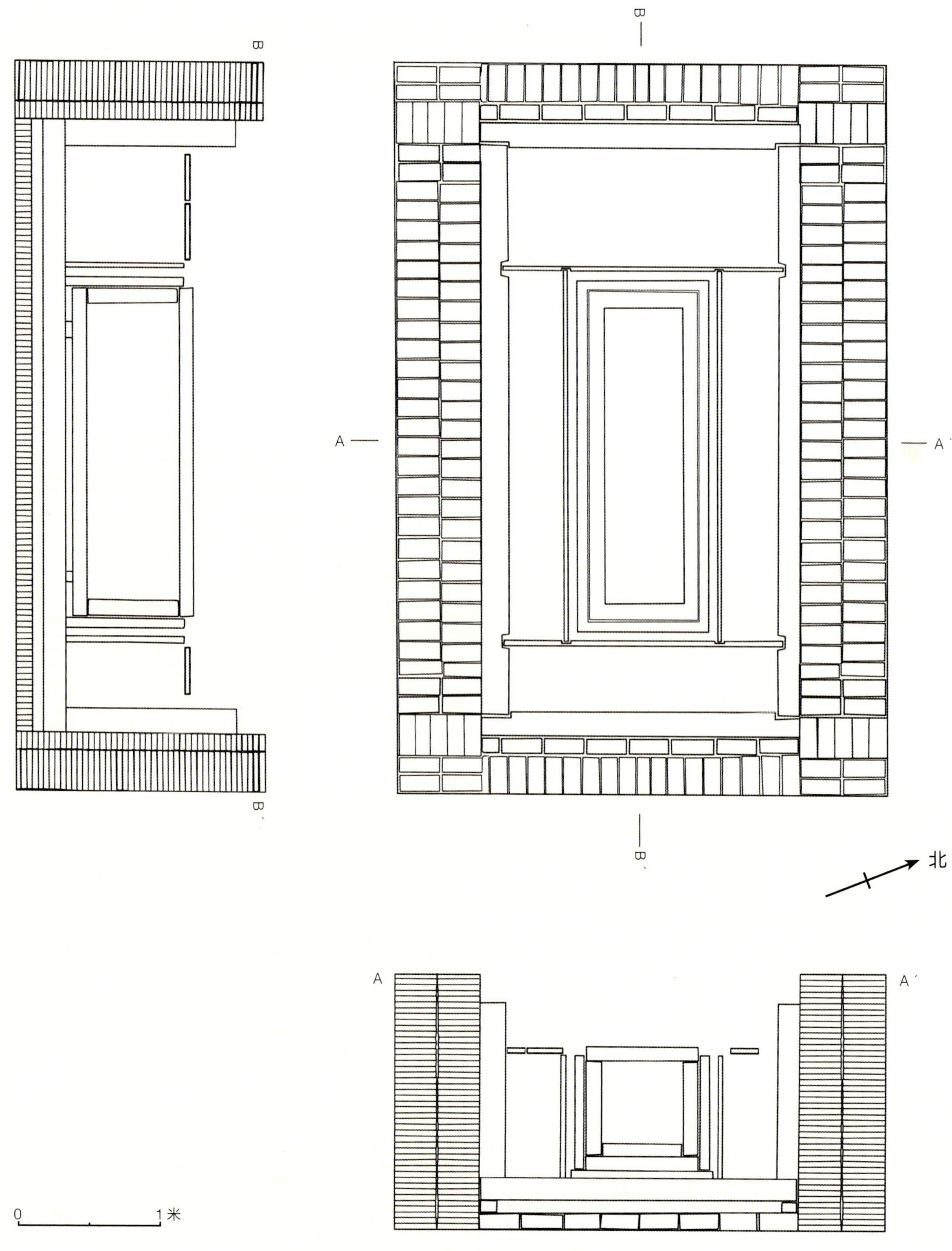

图二　青岛市胶南海青镇廒上村西汉墓平、剖面图

图三　墓葬棺室

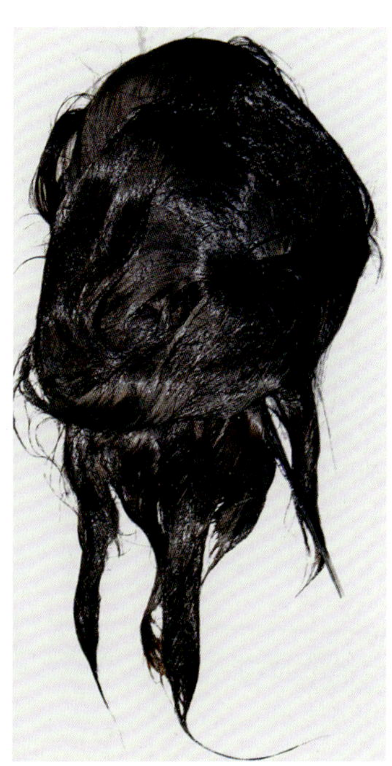

图四　M1头发

第三节 出土遗物

M1封土虽遭破坏，但椁室保存完好，且因填充青膏泥密封较好，故随葬品保存较好，出土遗物十分丰富。遗物主要出土于椁室内的头箱、脚箱、两个边箱及棺内。此外，在椁室上面，M1的东北角还出土了一批随葬品。出土遗物按质地分主要有陶器、原始青瓷器、漆器、铜器、玉器、角器、竹、木器、其他等几类。

（一）陶器

共3件。

釉陶壶　1件。M1：1，出土于墓室东北角。红胎灰皮陶，黄绿色釉，釉脱落严重。盘口，束颈，溜肩，鼓腹斜收，平底。腹部饰弦纹和圆圈纹、半圆纹、斜线纹。轮制，烧制温度低，部分已露出红胎，胎质较软。口径10.5、底径9、腹最大径15.2、残高14.8厘米（图五，1；图六）。

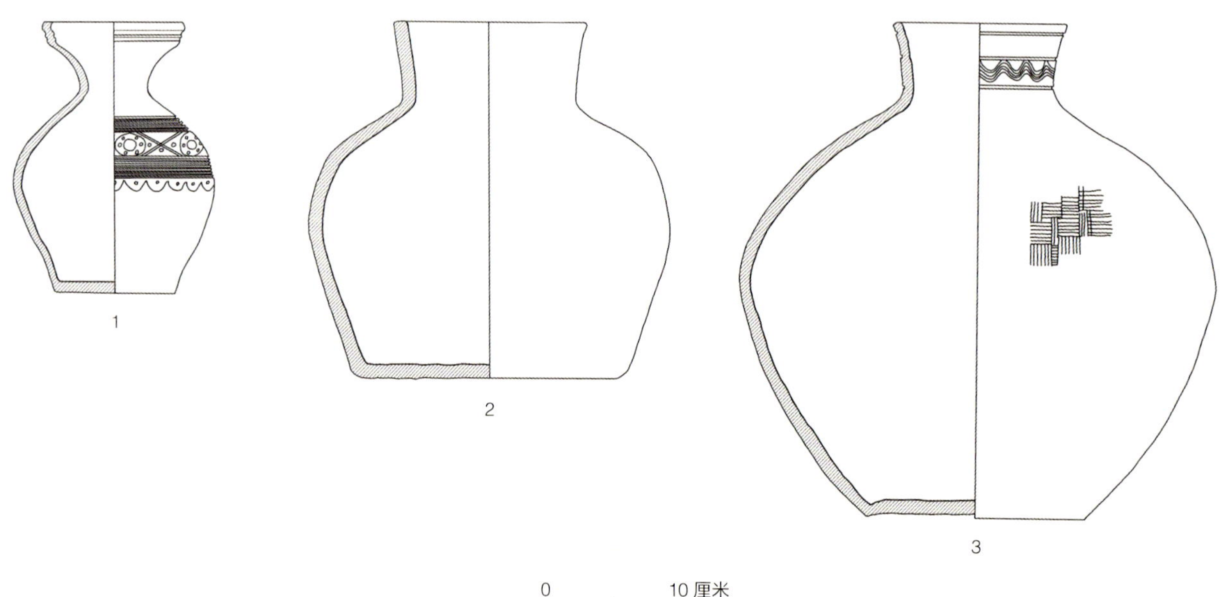

图五　M1出土的陶器
1. 釉陶壶（M1：1）　2. 漆衣陶壶（M1：8）　3. 印纹硬陶壶（M1：15）

漆衣陶壶　1件。M1：8，出土于北边箱。泥质灰陶，漆衣已脱去。侈口，圆唇，高领，溜肩，鼓腹微斜收，平底。器身素面。轮制，烧制温度低，陶质较差。口径14.4、底径21、腹最大径27、通高26厘米（图五，2；图七）。

印纹硬陶壶　1件。M1：15，出土于南边箱。侈口，圆唇，矮束颈，溜肩，鼓腹斜收，平底微凹。颈部饰弦纹及水波纹，器身饰不规则席纹。轮制。口径13.2、底径16.4、腹最大径35.4、通高36厘米（图五，3；图八）。

图六　釉陶壶（M1：1）

图七　漆衣陶壶（M1：8）

图八　印纹硬陶壶（M1：15）

（二）原始青瓷器

壶　共10件。均出土于南北边箱（图九）。

M1：3，褐胎，腹最大径以上有釉，颈部釉较少，口内侧及内底有釉。侈口，圆唇，长束颈，鼓腹斜收，平底，小圈足。上腹部有一对铺首衔环，腹部饰有凸棱纹与

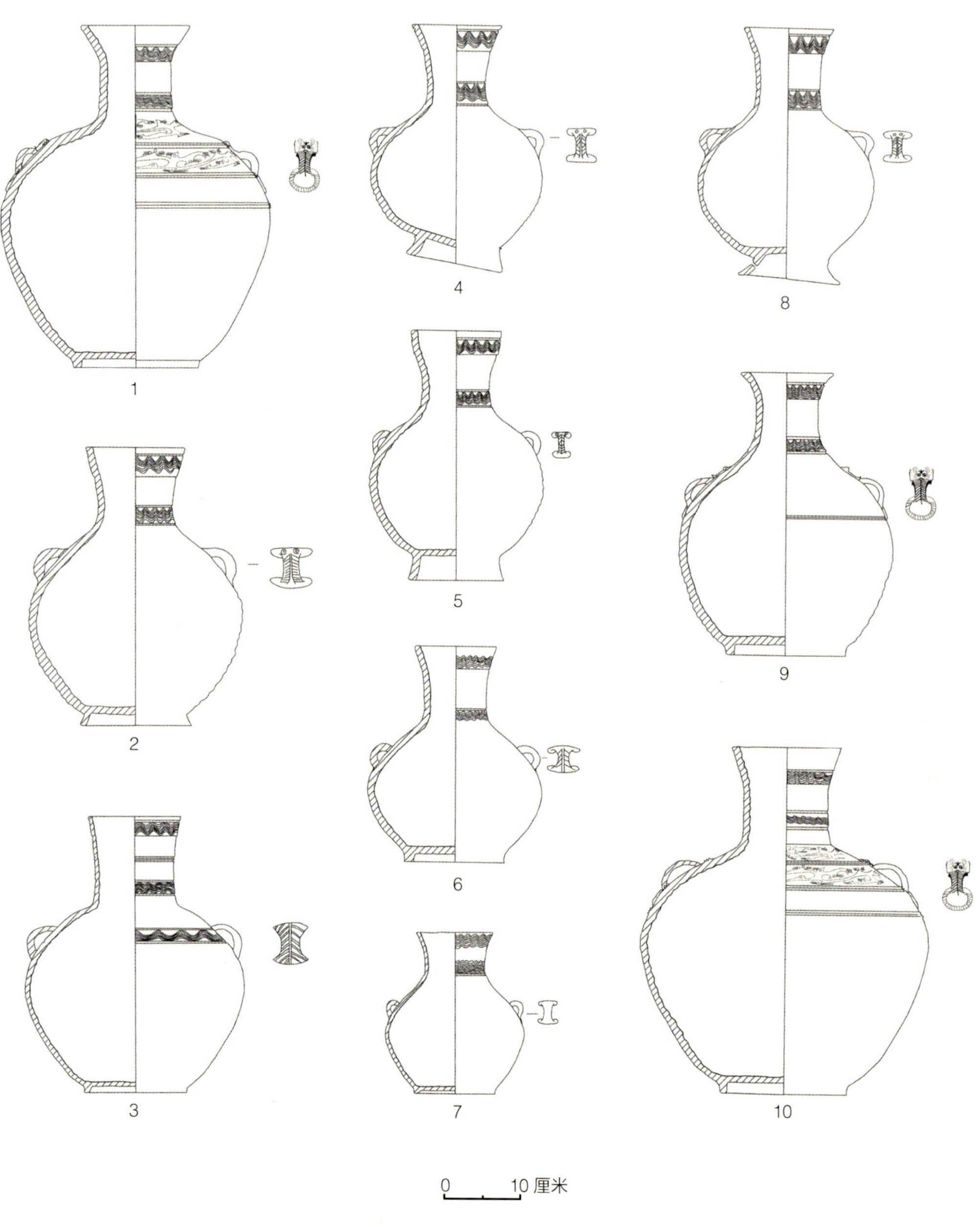

图九　M1出土的原始青瓷壶

1. M1：3　2. M1：13　3. M1：4　4. M1：9　5. M1：5　6. M1：11　7. M1：12　8. M1：14　9. M1：7　10. M1：10

多头鸟纹，颈部饰凹弦纹与水波纹。轮制，器内外壁可见轮制痕迹。口径14、底径15.8、腹最大径34.4、通高42.4厘米（图九，1；图一〇）。

M1：4，红褐胎，腹最大径以上有釉，颈部釉较少，口内侧及内底有釉。侈口，圆唇，长束颈，溜肩，鼓腹斜收，平底，小圈足。肩部饰一对桥形耳，耳上饰斜线纹，颈部及腹部饰弦纹与水波纹。轮制。口径12、底径13、腹最大径27.8、通高34.2厘米（图九，3；图一一）。

M1：5，褐胎，腹最大径以上有釉，颈部釉较少，口内侧及内底有釉。侈口，圆唇，束颈，溜肩，鼓腹，平底，圈足较高外撇。上腹部饰一对桥形耳，耳上饰斜线纹和圆圈纹。颈部饰凹弦纹与水波纹。轮制，器内外壁皆可见轮制痕迹。口径11.5、底径12.2、腹最大径22.4、通高31厘米（图九，5；图一二）。

M1：7，褐胎，腹最大径以上有釉，颈部釉较少，口内侧及内底有釉。侈口，圆唇，长束颈，溜肩，鼓腹，平底，圈足。上腹部饰一对铺首衔环，颈部饰凹弦纹与水波纹。轮制，器内外壁皆可见轮制痕迹。口径12、底径15.4、腹最大径27.4、通高35厘米（图九，9；图一三）。

图一〇　原始青瓷壶（M1：3）

图一一　原始青瓷壶（M1：4）

图一二　原始青瓷壶（M1：5）

图一三　原始青瓷壶（M1：7）

图一四 原始青瓷壶（M1：9）

M1：9，褐胎，腹最大径以上有釉，颈部釉较少，口内侧及内底有釉。侈口，圆唇，长束颈，溜肩，鼓腹，平底，圈足较高且外撇。上腹部饰一对桥形耳，耳上饰斜线纹及圆圈纹，颈部饰凹弦纹与水波纹。轮制，器内外壁皆有轮制痕迹，制作粗糙，器身底部变形严重，为残次品，应为明器。口径11～11.6、底径13、腹最大径22、通高30.6厘米（图九，4；图一四）。

M1：10，褐胎，腹最大径以上有釉，颈部釉较少，口内侧及内底有釉。侈口，圆唇，长束颈，斜肩，鼓腹斜收，平底，小圈足。上腹部饰一对铺首衔环，颈部饰弦纹和水波纹，肩部饰凸棱纹，上腹部饰多头鸟状纹饰。轮制。口径13.6、底径16、腹最大径36.4、通高43厘米（图九，10；图一五）。

M1：11，褐胎，腹最大径以上有釉，颈部釉较少，口内侧及内底有釉。侈口，圆唇，长束颈，溜肩，鼓腹，平底，圈足。肩部有一对桥形耳，耳上饰斜线纹，颈部饰弦纹与水波纹。轮制，器内外壁皆可见轮制痕迹，烧制粗糙。口径10.4、底径12.8、腹最大径22.4、通高26.8厘米（图九，6；图一六）。

图一五 原始青瓷壶（M1：10）

图一六 原始青瓷壶（M1：11）

M1：12，褐胎，腹最大径以上有釉，颈部釉较少，口内侧及内底有釉。侈口，圆唇，束颈，溜肩，鼓腹斜收，平底，小圈足。上腹部饰一对桥形耳，颈部饰弦纹与水波纹。轮制。口径9.8、底径10.4、腹最大径17.8、通高20厘米（图九，7；图一七）。

M1：13，褐胎，腹最大径以上有釉，颈部釉较少，口内侧及内底有釉。侈口，圆唇，长颈微束，溜肩，鼓腹，平底圈足外撇。上腹部有一对桥形耳，耳饰斜线纹及涡纹，口沿下及颈部饰凹弦纹和水波纹。轮制，器表下腹部及内侧可见明显轮制痕迹，釉易脱落。口径12.6、底径14.4、腹最大径27、通高34.4厘米（图九，2；图一八）。

M1：14，褐胎，腹最大径以上有釉，颈部釉较少，口内侧及内底有釉。侈口，圆唇，长束颈，溜肩，鼓腹，平底，圈足较高外撇。上腹部饰一对桥形耳，耳上饰斜线纹及圆圈纹，颈部饰凹弦纹与水波纹。轮制，器内外壁皆有轮制痕迹，制作粗糙，器身倾斜，为残次品，应为明器。口径11.4、底径14、腹最大径22.2、通高31.6厘米（图九，8；图一九）。

图一七　原始青瓷壶（M1：12）

图一八　原始青瓷壶（M1：13）

图一九　原始青瓷壶（M1：14）

（三）漆器

1. 七子圆奁

M1：26，8件（套）。出土于棺内，保存基本完好（图二〇）。

大圆奁　1件。标本M1：26-1，夹纻胎，有盖。器身直口，方唇，直壁，平底，矮圈足平底（图二一、图二二）。器内壁及内底髹朱漆，内壁近口沿处以黑漆饰云纹和几何纹，内底以黑漆饰三组云纹，三组云纹在器底中心位置汇聚，整体看来像三组抽象化的“凤鸟纹”。器表髹黑漆，口部、腹部和底部分别镶嵌一周带状银扣，其中腹部的银扣上似原嵌有其他材质的纹饰，但均已脱落，银扣之间饰有上下四圈纹饰，四圈纹饰之间以弦纹区分，上下两圈纹饰相似，均为几何纹和云纹，中间两圈纹饰类似，均以云纹为主体，云纹之间栖息凤鸟、小鹿和瑞兽动物纹饰，每只鸟兽的羽毛、形态和姿势均不同，饶具趣味。盖弧顶，盖上髹黑漆，盖

图二〇　漆七子圆奁（M1：26）

图二一　漆大圆奁盖侧视（M1：26-1）

图二二　漆大圆奁（M1：26-1）

顶边缘及盖沿各镶嵌银扣，盖顶饰三圈纹饰，三圈纹饰之间以弦纹区分，最外圈为几何纹和云纹，内两圈纹饰主题一致，皆为云纹间点缀鸟兽纹，与器身上的类似；盖外壁器表髹黑漆，口部、腹部和底部分别镶嵌一周带状银扣，其中腹部的银扣上似原嵌有其他材质的纹饰，但均已脱落，银扣之间饰有上下四圈纹饰，纹饰与器身外壁类似，不再赘述；盖内壁饰朱漆，内壁口沿以黑漆饰一圈云纹和几何纹，内壁顶部中心以黑漆饰一组龙纹，龙纹四周环绕云气纹，整组纹饰似蛟龙遨游云间。器身口径21.5、残高10、壁厚0.3厘米；盖口径23、高11.5、壁厚0.3厘米（图二三）。

A

B

A ↓

B ↑

C ↓

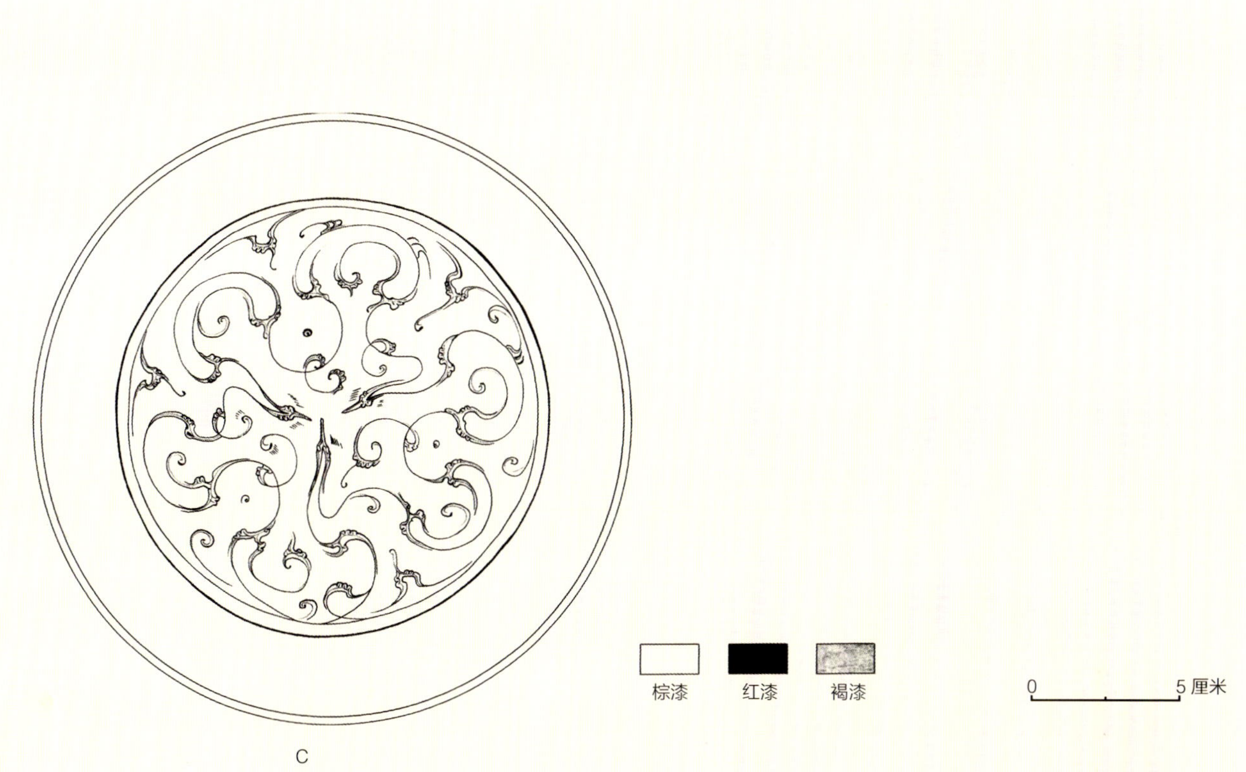

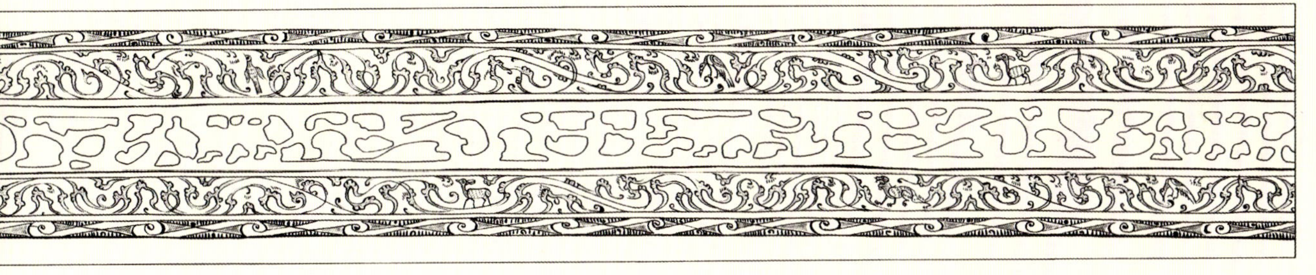

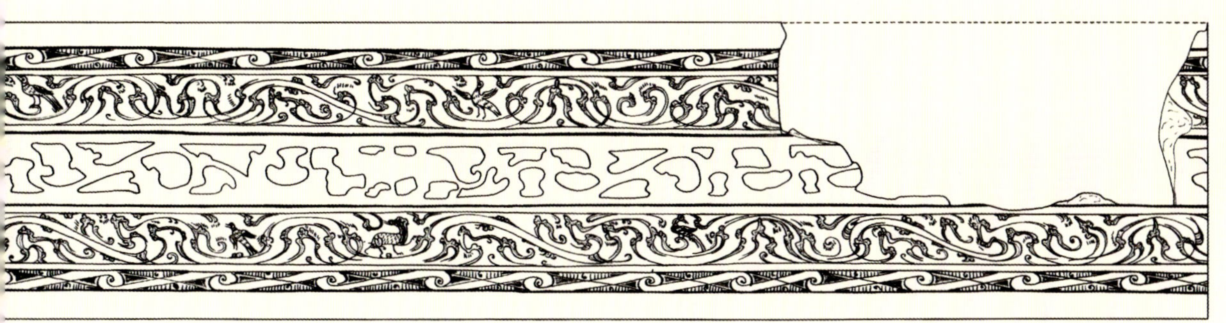

图二三　漆大圆奁（M1：26-1）

大圆奁　1件。标本M1：26-2，夹纻胎，有盖。器身呈圆柱形，直口，方唇，直壁平底（图二四、图二五）。器内壁髹朱漆，内壁近口处饰两道黑漆弦纹，弦纹间饰黑漆箭头状几何纹，器表髹黑漆，上、下各镶嵌带状银扣，银扣间饰以弦纹和朱绘云纹。盖为弧顶，盖顶外缘及盖口各镶嵌一周银扣，其余部分饰以朱绘云纹和几何纹。器身口径8、高4.5、壁厚0.3厘米；盖口径8.5、高4.5、壁厚0.3厘米（图二六）。

图二四　漆大圆奁（M1：26-2）

图二五　漆大圆奁（M1：26-2）

马蹄形奁　1件。标本M1：26-3。夹纻胎，有盖（图二七、图二八）。器身呈马蹄形，直口，方唇，直壁平底，器内壁髹朱漆，内壁近口处饰两道黑漆弦纹，弦纹间饰黑漆箭头状几何纹，器表髹黑漆，上、下各镶嵌带状银扣，银扣间饰以朱绘云纹。盖呈盝顶，盖顶外缘及盖口各镶嵌一周银扣，其余部分饰以朱绘云纹和几何纹。器身底长8.2、宽5.2、高4.5、壁厚0.2厘米；盖长8.9、宽6.5、高4.3、壁厚0.2厘米（图二九）。

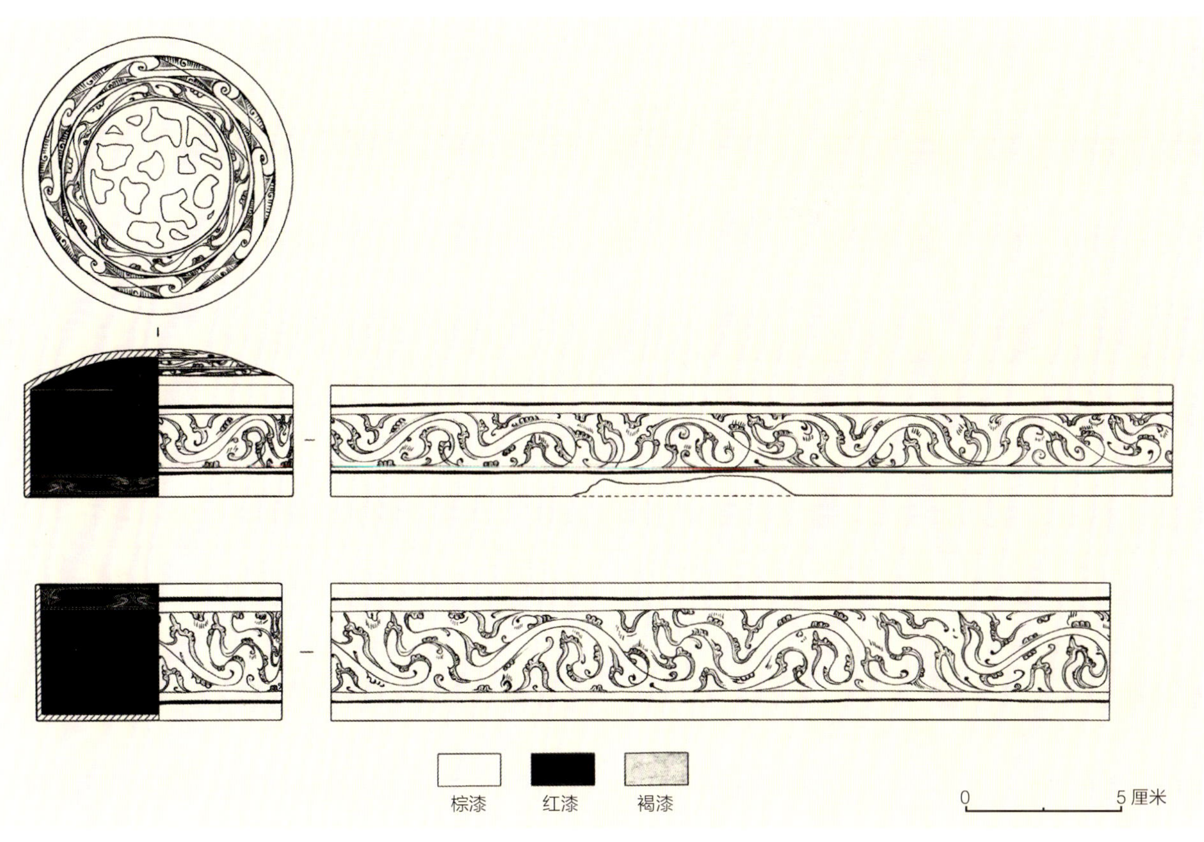

图二六　漆大圆奁（M1：26-2）

图二七　漆马蹄形奁侧视（M1：26-3）

图二八　漆马蹄形奁（M1：26-3）

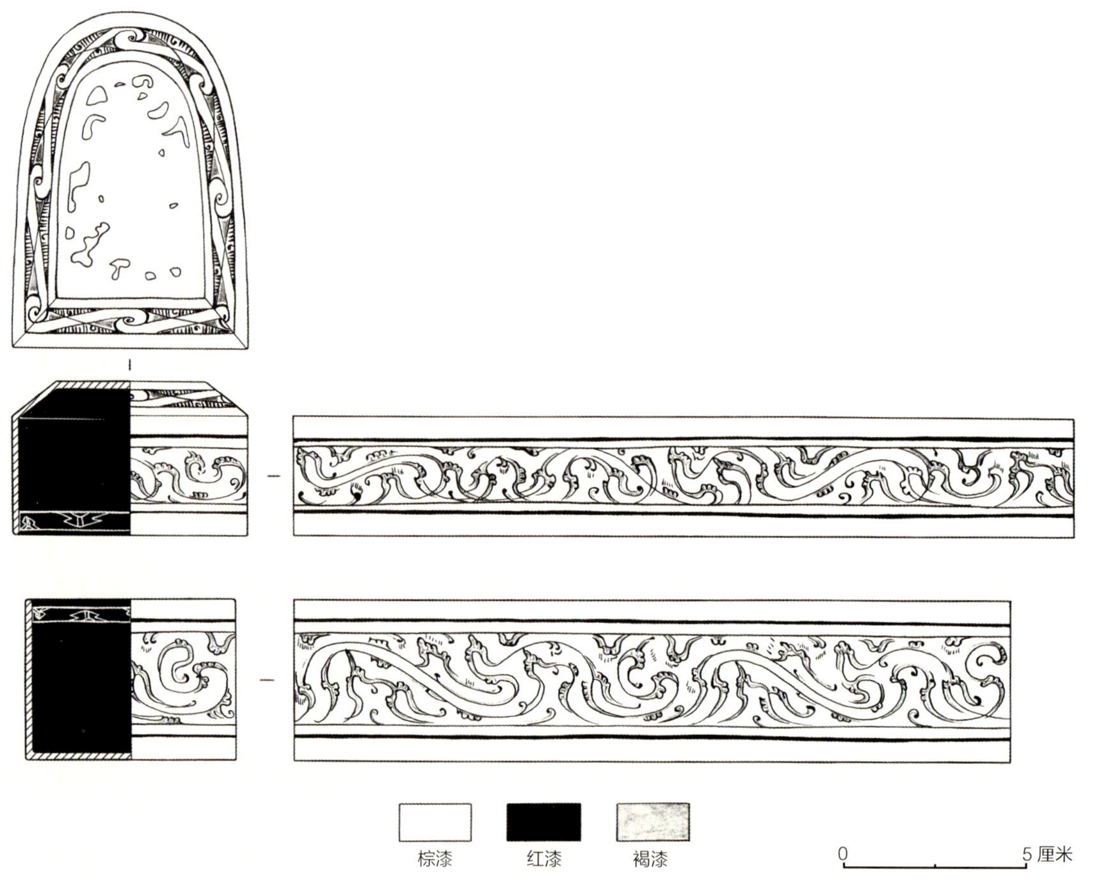

图二九　漆马蹄形奁（M1：26-3）

椭圆形奁　1件。标本M1：26-4。夹纻胎，有盖。器身呈椭圆形。直口，方唇，直壁平底（图三〇）。器内壁髹朱漆，内壁近口处饰两道黑漆弦纹，弦纹间饰黑漆箭头状几何纹。器表髹黑漆，口、底各镶嵌一周银扣，银扣间饰以朱绘云纹。盖为弧顶，盖顶似原嵌有其他材质的纹饰，但均已脱落，盖顶外缘及盖口各镶嵌一周银扣，银扣间饰以朱绘云纹和几何纹。器身长径7.3、宽3.5、高4、壁厚0.2厘米；盖长径7.6、宽4.2、高4.3、壁厚0.2厘米（图三一）。

图三〇　漆椭圆形奁（M1：26-4）

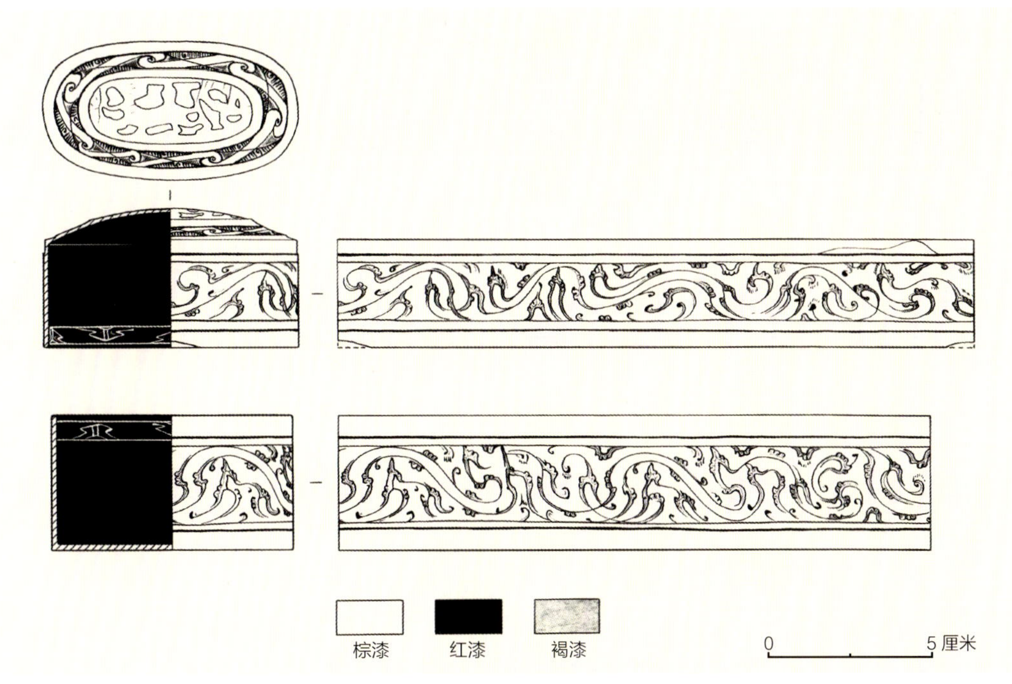

图三一　漆椭圆形奁（M1：26-4）

图三二　漆小圆奁（M1：26-5）

小圆奁　1件。标本M1：26-5，夹纻胎，有盖。器身呈圆筒形，直口，方唇，直壁平底（图三二）。器内壁髹朱漆，内壁近口处饰两道黑漆弦纹，弦纹间饰黑漆箭头状几何纹。器表髹黑漆，口、底各镶嵌银扣，银扣间饰以朱绘云纹。盖为弧顶，盖顶似原嵌有其他材质的纹饰，但均已脱落，盖顶边缘及盖沿各镶嵌银扣，银扣间饰以朱绘云纹和几何纹。器身口径4.8、高4、壁厚0.2厘米；盖口径5.2、高4、壁厚0.2厘米（图三三）。

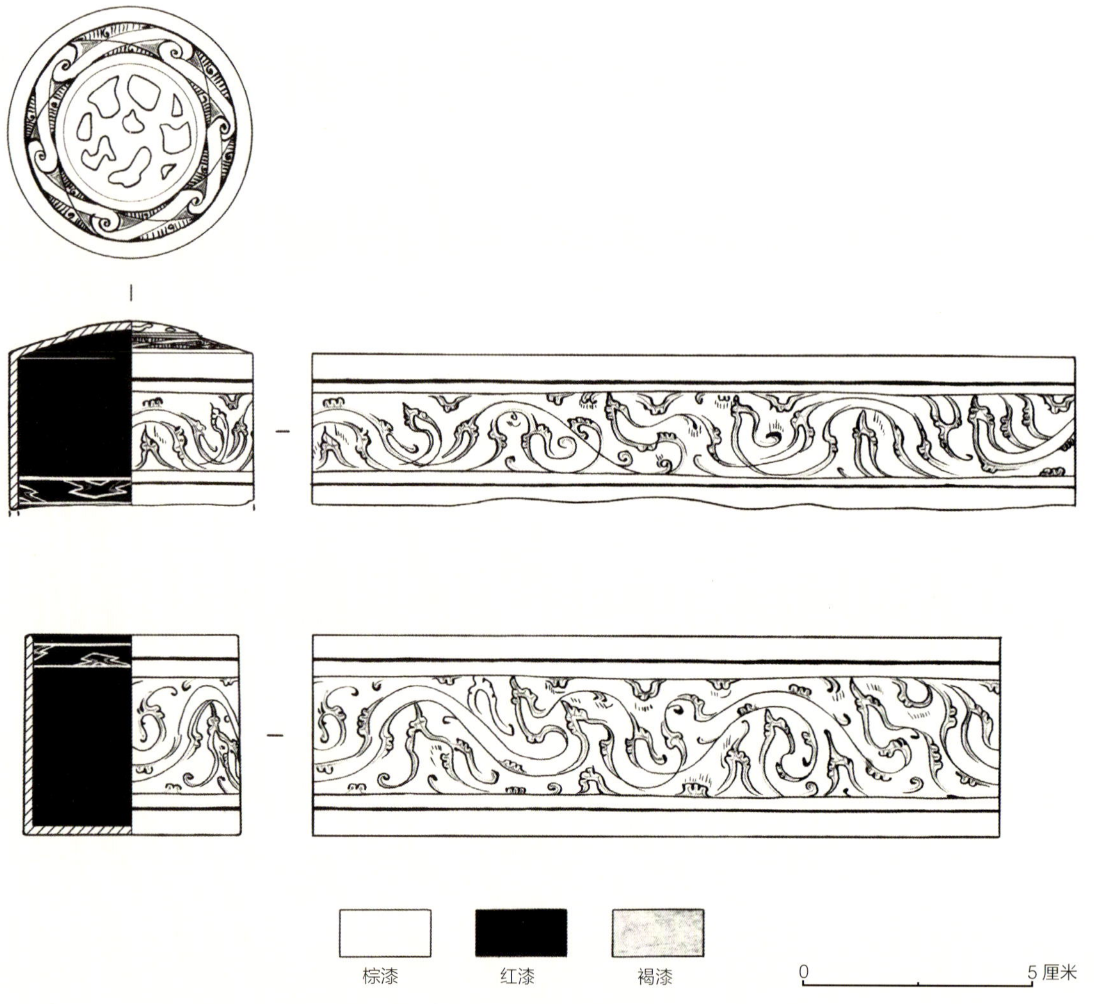

图三三　漆小圆奁（M1：26-5）

图三四　漆长方形奁（M1：26-6）

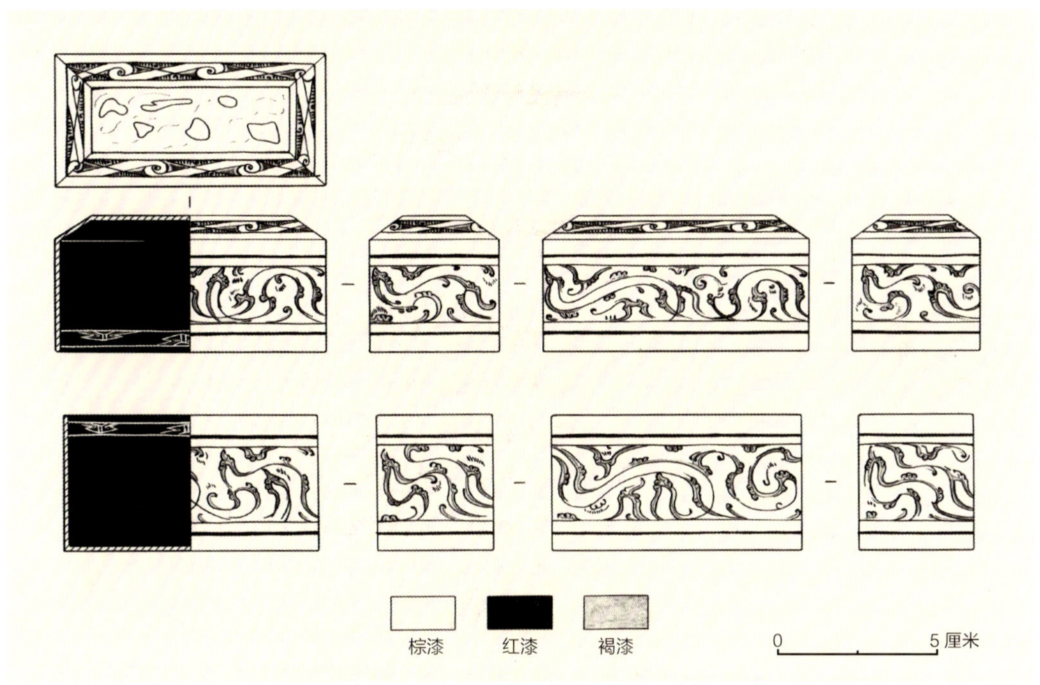

图三五　漆长方形奁（M1：26-6）

长方形奁　1件。标本M1：26-6，夹纻胎，有盖。器身直口，方唇，直壁平底（图三四）。器内壁髹朱漆，内壁近口处饰两道黑漆弦纹，弦纹间饰黑漆箭头状几何纹。器表髹黑漆，口、底各镶嵌银扣，银扣间饰朱绘云纹。盖为盝顶，盖顶似原嵌有其他材质的纹饰，但均已脱落，盖顶边缘及盖沿各镶嵌银扣，银扣间饰以朱绘云纹。器身长8.1、宽3.5、高4.5、壁厚0.2厘米；器盖长8.6、宽4、高4.5、壁厚0.2厘米（图三五）。

图三六　漆小方奁（M1：26-7）

小方奁　1件。标本M1：26-7，夹纻胎，有盖。器身呈方形。直口，方唇，直壁平底（图三六）。器内壁髹朱漆，器表髹黑漆，口、底各镶嵌一周带状银扣，银扣间饰以朱绘云纹。盖为盝顶，盖顶外缘及盖口各镶嵌一周银扣，银扣间饰以朱绘云纹。器身边长3.5、残高4、壁厚0.2厘米；器盖边长4.2、残高3.8、壁厚0.2厘米（图三七）。

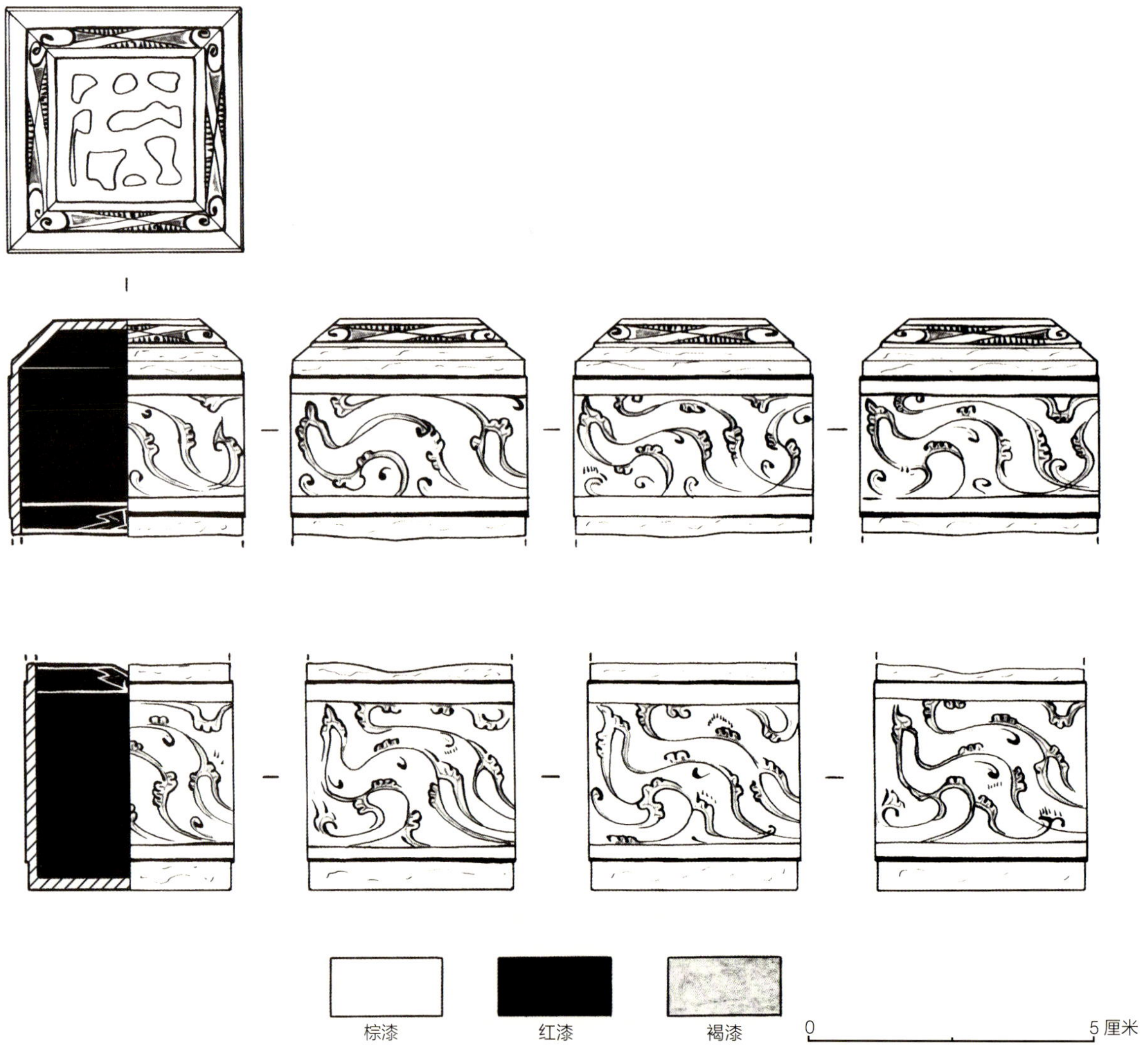

棕漆　红漆　褐漆　0　5厘米

图三七　漆小方奁（M1：26-7）

图三八　漆长方形奁（M1：26-8）

图三九　漆长方形奁（M1：26-8）

长方形奁　1件。标本M1：26-8。夹纻胎，有盖。器身直口，方唇，直壁平底（图三八）。器内壁髹朱漆，内壁近口处饰两道黑漆弦纹，弦纹间饰黑漆箭头状几何纹。器表髹黑漆，口、底各镶嵌银扣，银扣间饰以朱绘云纹。盖为盝顶，盖顶似原嵌有其他材质的纹饰，但均已脱落，盖顶边缘及盖沿各镶嵌银扣，银扣间饰以朱绘云纹。器身长15.5、宽3.4、高4、壁厚0.2厘米；器盖长16.2、宽4、高4、壁厚0.2厘米（图三九）。

2. 漆盘

2件。

标本M1：27，出土于头箱，保存较好（图四〇、图四一）。夹纻胎。敞口，折沿，方唇，弧腹，平底。盘内壁髹朱漆，口内壁饰几何纹和云纹，内底三组云纹汇聚至中心位置，呈三角状。器表髹黑漆，口部和下腹部各镶嵌一周银扣，银扣间饰以弦纹和朱绘云纹。口径19.5、高3、壁厚0.6厘米（图四二）。

图四〇 漆盘（M1：27）

图四一 漆盘（M1：27）

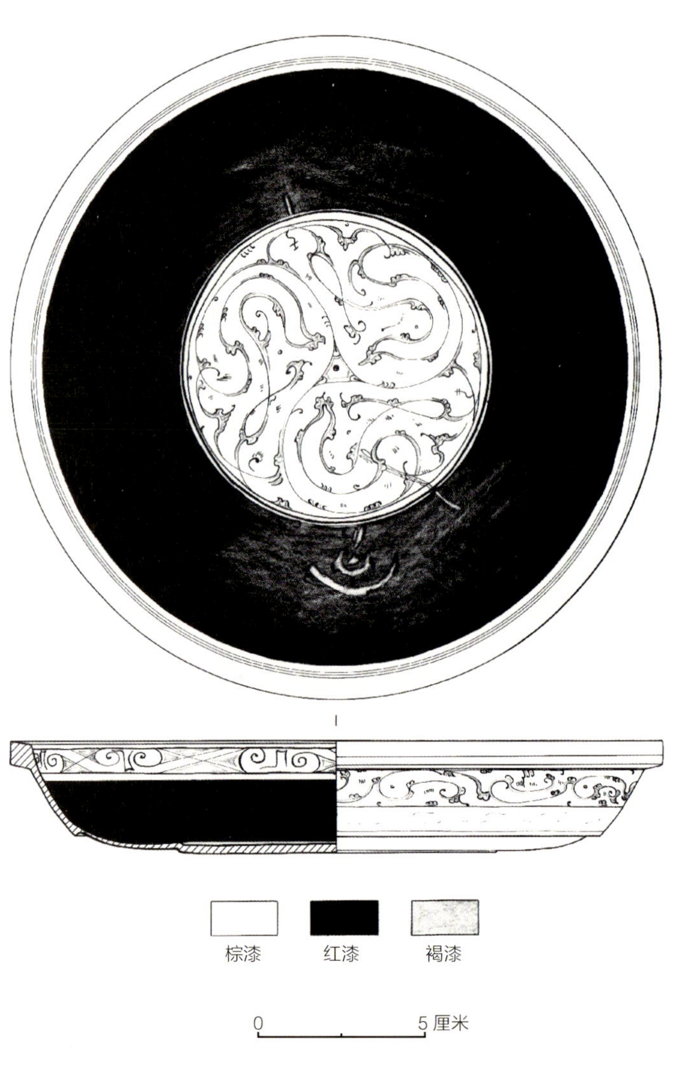

图四二 漆盘（M1：27）

标本M1：28，出土于头箱，保存较好（图四三、图四四）。形制、纹饰与尺寸与M1：27相似。口径19.8、高3、壁厚0.6厘米（图四五）。

图四三 漆盘（M1：28）

图四四 漆盘（M1：28）

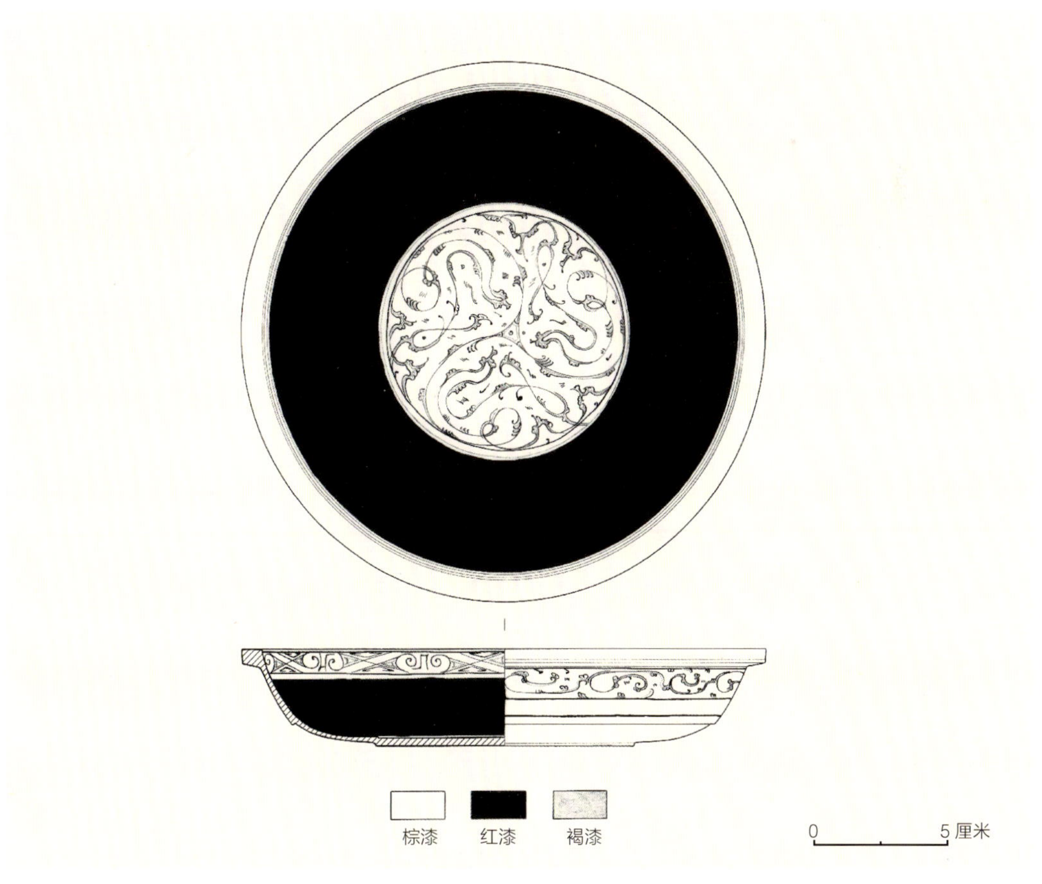

图四五 漆盘（M1：28）

3. 耳杯

共26件。分为大、中、小三个类型，大型6件、中型6件、小型14件。大型与小型均出土于头箱，中型出土于脚箱。耳杯均为木胎，形制相类，敞口，杯身呈椭圆形，两侧耳上翘，平底。杯内壁髹朱漆，器表与耳髹黑漆。有少量耳杯的耳部上沿和侧面饰有朱绘的重圈纹（图四六）。

图四六 漆耳杯

大漆耳杯　6件。标本M1∶29，残长16、残宽13、残高7、厚0.5～0.8厘米（图四七）。

中漆耳杯　6件。标本M1∶35，形制与大漆耳杯相似而略小。残长12.5、残宽10、残高5、厚0.5～1.2厘米（图四八）。

小漆耳杯　14件。标本M1∶50，形制与中漆耳杯相似而略小。残长10、残宽7、残高3、厚0.5～1.2厘米（图四九）。

图四七　大漆耳杯（M1∶29）

图四八　中漆耳杯（M1∶35）

图四九　小漆耳杯（M1∶50）

4. 漆樽

2件。标本M1：57，出土于脚箱。残甚，暂未修复，通过观察标本，推测应为2件漆樽（图五〇、图五一）。木胎，方唇，直口，直壁平底，三足已残，仅在器底边缘观察到器足安装痕迹，器身上腹部亦观察到一处附件脱落痕迹，疑为提手。同出漆片残块中有两个器盖，大小与漆樽相近，推测为与漆樽配套使用。盖微弧，顶部中心有一鎏金柿蒂纹提手。器身外壁髹黑漆，内壁髹朱漆，外壁饰朱漆纹饰，纹饰共五圈，每圈纹饰之间以弦纹为界，三圈重圈圆纹之间为两圈云气纹。器盖盖顶髹黑漆，盖内髹朱漆，盖顶中心以朱漆饰云气纹，其外饰一圈重圈圆纹，两组纹饰之间以弦纹为间隔。器身残破严重，底残径约15.5、残高（器足未发现）11.3、盖残径约13厘米（图五二）。

5. 漆案

1件。标本M1：58，出土于脚箱。残甚，未修复，不知其具体形制和尺寸。

图五〇　漆樽残片（M1：57）

图五一　漆樽残片（M1：57）

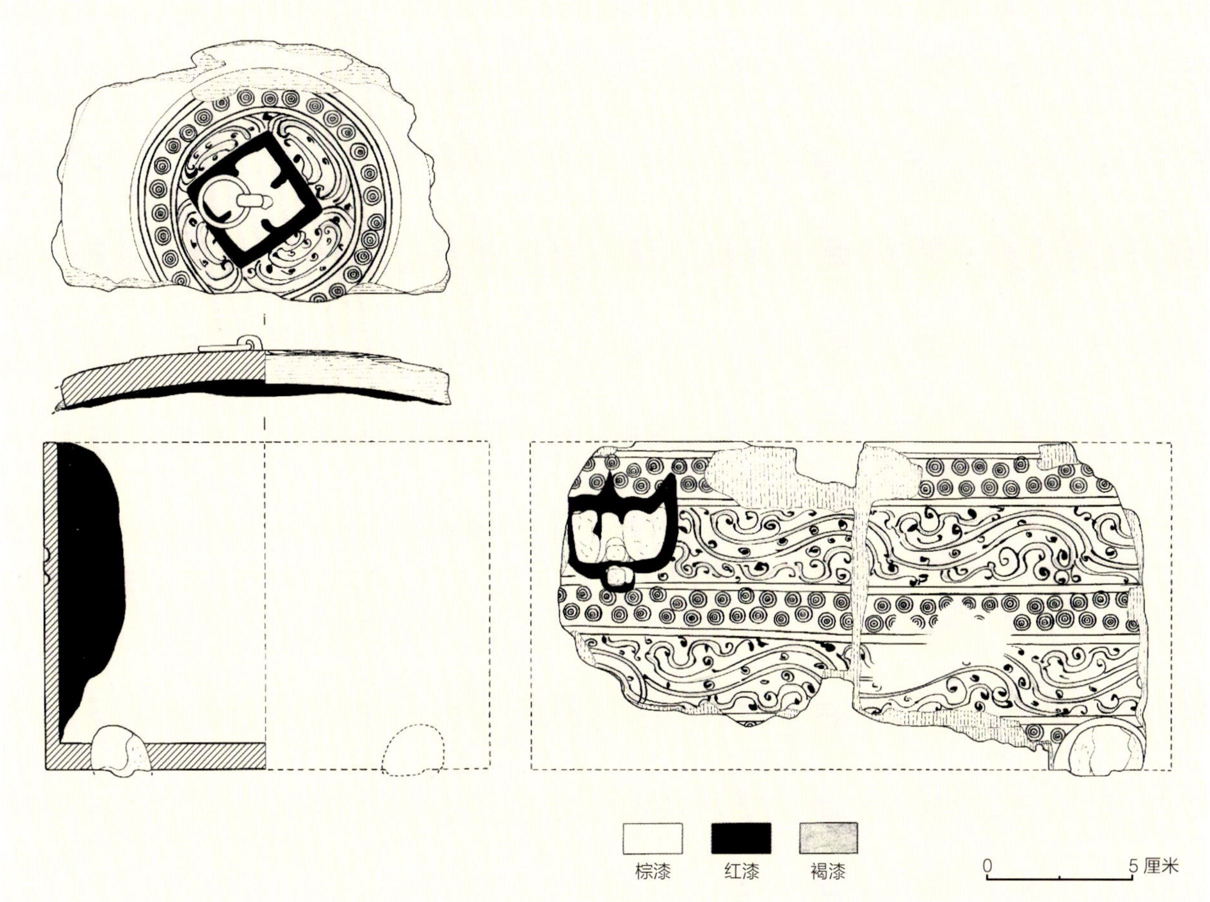

棕漆　红漆　褐漆

0　5厘米

图五二　漆樽（M1：57）

（四）铜器

约16件，主要是小件，有铜镜、铜刷、铜钱、铜构件（图五三）。

1. 铜镜

3件。

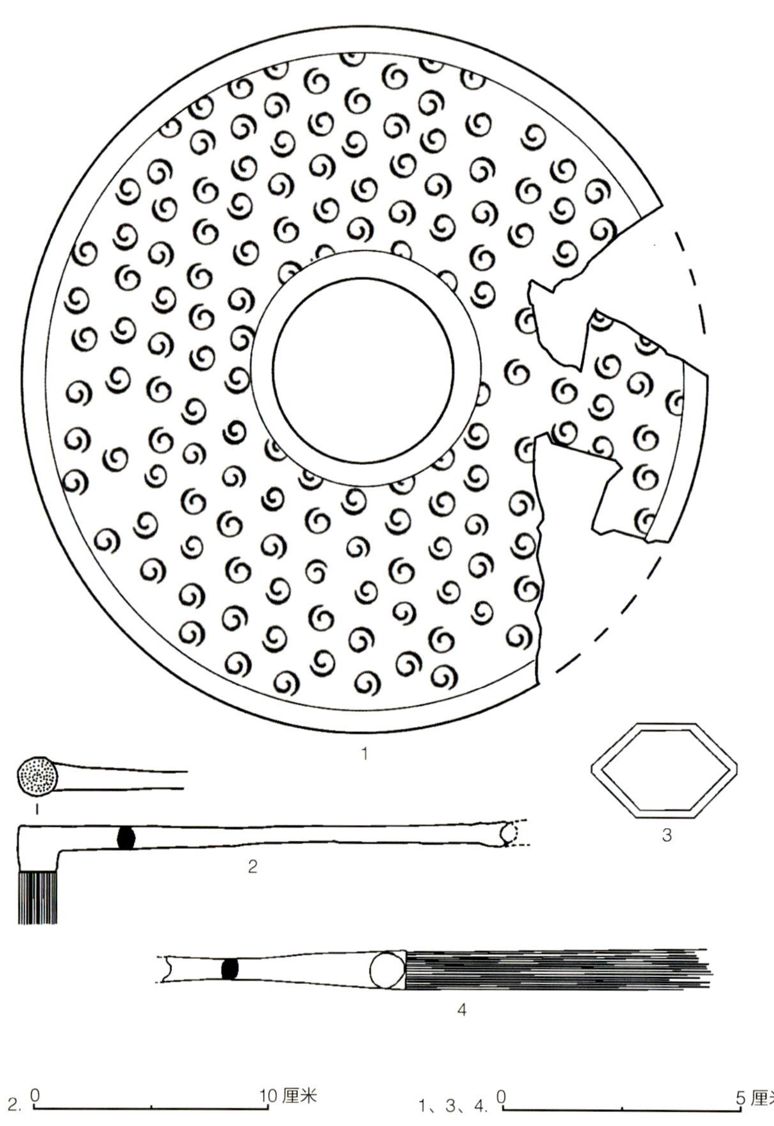

图五三　M1出土的玉器、铜器

1. 玉璧（M1：22）　2、4. 铜刷（M1：18、M1：19）　3. 铜构件（M1：20）

标本M1：2，出土于墓葬东北角，破损锈蚀较严重，已不能辨别纹饰。

标本M1：16，出土于脚箱，出土时外部尚留有包裹物残迹，质地不明。铜镜本身保存较好，圆形，纹饰清晰。圆纽，纽外一圈凸棱纹，外饰八角星纹。八角星纹与边缘间有两圈放射纹带，放射纹带间有一圈铭文，为“见日月之长夫毋忘”。直径6.9厘米（图五四）。

图五四　铜镜（M1：16）

图五五　铜镜（M1：17）

标本M1：17，出土于大圆奁（M1：26-1）内，保存较好。圆纽，纽外饰两圈凸棱纹，凸棱外饰八角星纹。八角星纹与边缘间有两圈放射纹带，放射纹带间有一圈铭文，为“见日之光长毋相忘”。直径20.5厘米（图五五）。

2. 铜刷

2件。

标本M1：18，铜柄梳刷，出土于长方形奁（M1：26-8）内，保存较好（图五六）。细长柄中部较细，截面呈圆形，柄端已残，但可见有一圆形穿孔。斗呈圆形，刷毛齐整较短。刷毛长约1.1、斗径1.6、柄端穿孔径约0.6、柄残长20.3厘米（图五三，2）。

标本M1：19，铜柄镜刷，出土于棺内，保存较好（图五七）。一端粗一端细，截面呈圆形，柄端已残，但可见一圆形穿孔。刷毛齐整较长。柄端直径3.2、尾端穿直径约0.4、柄残长约5.2厘米，刷毛长约6.5厘米（图五三，4）。

3. 铜钱

约10枚。标本M1：21，出土于棺内西北角，保存较差，锈蚀严重。可辨识者均为五铢钱（图五八）。

4. 铜构件

1件。标本M1：20，出土于棺内。平面呈六边形，竖截面呈长方形（图五九）。六边形长轴3.2、短轴1.9、高0.85厘米（图五三，3）。

（五）玉器

1件。

标本M1：22，玉璧，已残。青玉质，内缘与外缘处分别饰一周弦纹，两道弦纹间饰谷纹（图六〇）。外径14.4、内径3.5厘米（图五三，1）。

（六）角器

2件。

角擿　共2件。形制完全一样，保存较好。

标本M1：23，角质，腐朽为黑色。方形柄，有7根齿，已弯曲，尖头。长约26.9、宽2、厚约0.15厘米。

标本M1：24，形制与M1：23一致。长约28.5、宽1.6、厚约0.15厘米。

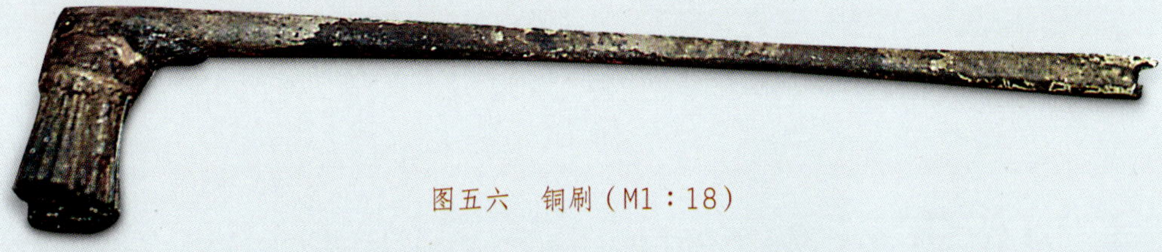

图五六　铜刷（M1：18）

图五七　铜刷（M1：19）

图五八　铜钱（M1：21）

图五九　铜构件（M1：20）

图六〇　玉璧（M1：22）

图六一　木琴弦柱（M1：60-1、M1：60-2）

图六二　木构件（M1：61）

（七）竹、木器

主要是乐器的构件、木梳和一些大多已经不能辨别形状用途的竹片、木块。

木梳　1件。标本M1：59，出土于马蹄形奁（M1：26-3）内。腐朽严重，仅可在奁内观察到迹象，其具体形制和尺寸不详。

木琴弦柱　11件。标本M1：60-1，木质。呈拱门形，顶部有放置琴弦的凹槽，表面绘有黑色图案，内侧有残存的朱漆。残损较为严重，长2.5～2.7、宽0.9～1.2、高2.6～3厘米（图六一）。

木构件　2件。标本M1：61，木质。圆雕，整体似匍匐的怪兽，平底，头部位置有承物的凹槽，观察标本，推测可能为漆案的器足。两件形制尺寸类似，残长约47、残高约18.5厘米（图六二、图六三）。

图六三　木构件（M1：61）

图六四　木片（M1：70）

木构件、方形木片　4件。

标本M1：62，其中可辨识的标本两件：

标本1为器盖，木胎。子母口，盖顶微弧。盖顶髹黑漆，盖内髹朱漆。直径约3.8厘米。标本2为方形木片，木胎。上有直角等边三角形穿孔。木片残长9.7、残宽约9厘米，三角形长边约5.5厘米。

木片　2件。标本M1：70，木胎，两端有榫。木片上有残留的朱漆。推测可能为乐器构件。其中一件残长11、宽2.8、厚0.2厘米；另一件残长10.4、残宽3.2、厚0.2厘米（图六四）。

（八）其他

发质遗物　1具，编号M1：72。在棺内西部位置发现，保存完好，大小尺寸与常人头发无异，发内插有一根角擿。观察标本，发现该遗物原应有编织和盘发迹象。整具发质遗物历千余年而保存完好，殊为罕见。

另在头箱还出土了一些谷物类种子。

结　　语

M1将土坑、砖室、木构棺椁等几种墓葬的形制集于一身，既延续了传统埋葬方式，又利用了新的材料。可以看出M1的时代处在一个墓葬形制的转型期，尤其是在砖的使用上。首先，在垒砌砖壁、铺底的技术运用上显得不成熟，错缝、顺丁结合、“人”字纹方式铺底等较高端的技术都未运用；其次，M1仅仅用砖来垒砌墓底与墓壁，并未形成一个完整的砖室墓室。但同时也应看到，M1已经用加厚砖壁、转角之处互相拉结等方法来增强砖圹的坚固稳定性。其墓底竖排铺底的方式，较之横排通缝方式铺砖要坚固得多。因此，从M1的这些特点看，M1的年代下限应在东汉之前。

M1出土随葬器物，如陶器、原始青瓷器、漆器、铜器、玉器等，根据形制判断年代皆在西汉中晚期，且M1出土的随葬器物与山东日照海曲西汉墓M106随葬的陶器、漆器等形制相似，而日照海曲西汉墓M106出土的竹简有纪年文字，其年代约为汉武帝末年或昭帝时期。

通过以上分析，可以断定M1的年代应为西汉中晚期。

M1规模比较大，形制比较特殊，出土遗物精美，尤其是墓内乐器、大量漆器的出土，均表明墓主人在当时拥有较高的社会地位。

此外，M1东北角出土的器物，是在墓葬建造完成后，后期埋入的，这可能是埋葬后进行了祭祀活动。是否有其他原因、含义，还有待探讨证实。章丘洛庄汉墓的发掘已经证实在墓葬埋葬完毕后，还曾进行过祭祀活动，并随葬器物，可提供旁证。

M1无论是在墓葬形制、规模、保存情况，还是在出土器物的丰富精美程度上，在青岛地区都是比较难得的珍贵资料。同时，廒上村附近还有甲旺墩汉代墓群，此地距离日照很近，而日照海曲墓地曾经出土了大量与此墓形制相似的精美漆器，因此，M1应该不是一个独立的遗迹现象。它的发现对于今后青岛地区的汉代墓葬的发掘，汉代漆器的制作、流通等问题，汉代政治、经济、文化的研究都提供了弥足珍贵的资料，也在一定程度上加深了我们对山东地区汉代墓葬的认识。

附记：此次考古发掘领队为林玉海，参加人员有尹锋超、纪中良等。工作期间，青岛市文化、文物部门，胶南市文化、文物、公安部门及海青镇政府对工作给予了大力支持，使考古发掘工作得以圆满完成，在此一并致以诚挚的感谢。

原载于《青岛考古（一）》，本文在原简报基础上有增删，主要是对出土漆器增加了线图与描述。

发　　掘：林玉海、尹锋超、纪中良
修　　复：杜义新
资料整理：彭峪、尹锋超、杜义新、翁建红
绘　　图：彭峪、尹锋超
漆器绘图：亢艳荣
拍　　照：尹锋超、李祖敏、彭峪
执　　笔：彭峪、纪中良

殷家庄汉墓

第一节 发掘概况

殷家庄汉墓位于青岛市胶南大场镇南、殷家庄西北，东北距胶南市区约50千米。2009年4月15日，殷家庄村民在取土时发现大量散落的木质椁板和陶器残片，接报后，青岛市文物保护考古研究所、胶南市博物馆立即派人赶往现场查看，确认为一处被盗的汉代墓群。鉴于围观村民众多，保护形势严峻，4月16～29日，青岛市文物保护考古研究所联合胶南市博物馆，对被盗墓葬进行了抢救性发掘，共清理墓葬3座，分别编号为：M1、M2、M3。

第二节 墓葬资料

一、M1、M2

（一）墓葬形制

F1发掘时封土呈馒头状，高约3、直径30米，有盗洞两处，破坏严重。M1、M2位于该封土（F1）之下，为两座并穴合葬墓（图一）。

图一 M1封土

M1位于M2南部，东西向。其形制为一座土坑竖穴墓，墓口平面呈长方形，墓壁较直，平底。长约4.6、宽约2.7、深约3.2米，棺椁不存，根据残留灰痕，木椁长约3.2、宽约2.2米。墓室西南角随葬较多原始瓷器及陶器，并有漆器，腐朽严重。东南角随葬2件陶鼎。共出土随葬器物16件。

M2位于M1北，东西向，墓向265°。其形制为长方形土坑竖穴木椁墓，墓口平面呈长方形，墓壁较直，平底。长约5、宽约3.5、深约4.3米，墓口距现地表约1.5米（图二）。墓室内发现不同时期的盗洞两个，破坏非常严重，棺椁已破坏殆尽，仅剩下棺底板，棺下铺设两层椁底板（图三）。在墓室内盗洞中清理出玉琀蝉1件、填土中清理石刀1件、木椁内清理铜镜1件（图四）。

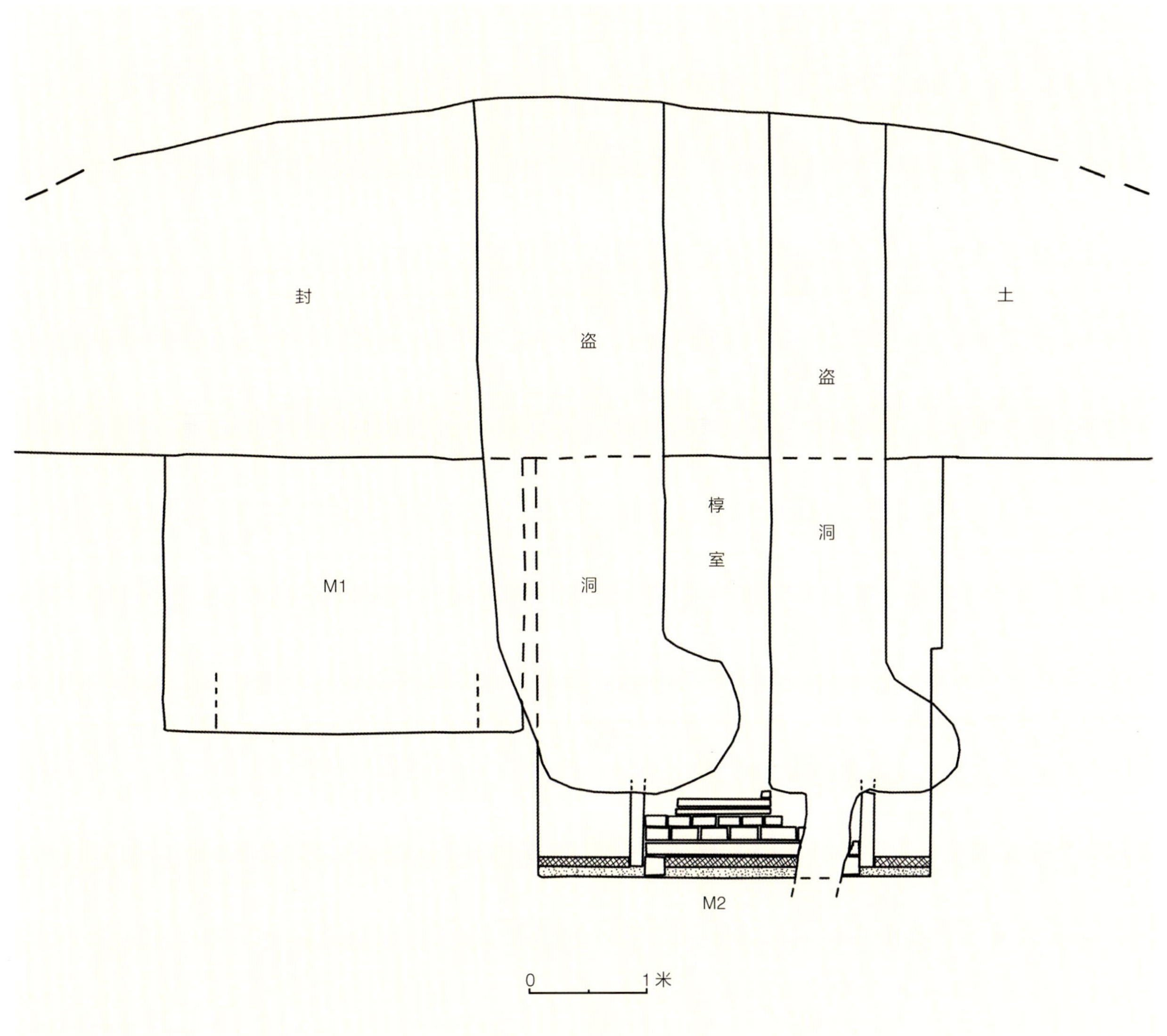

图二　F1两座墓葬剖面图

图三 M2墓室（自东向西拍摄）

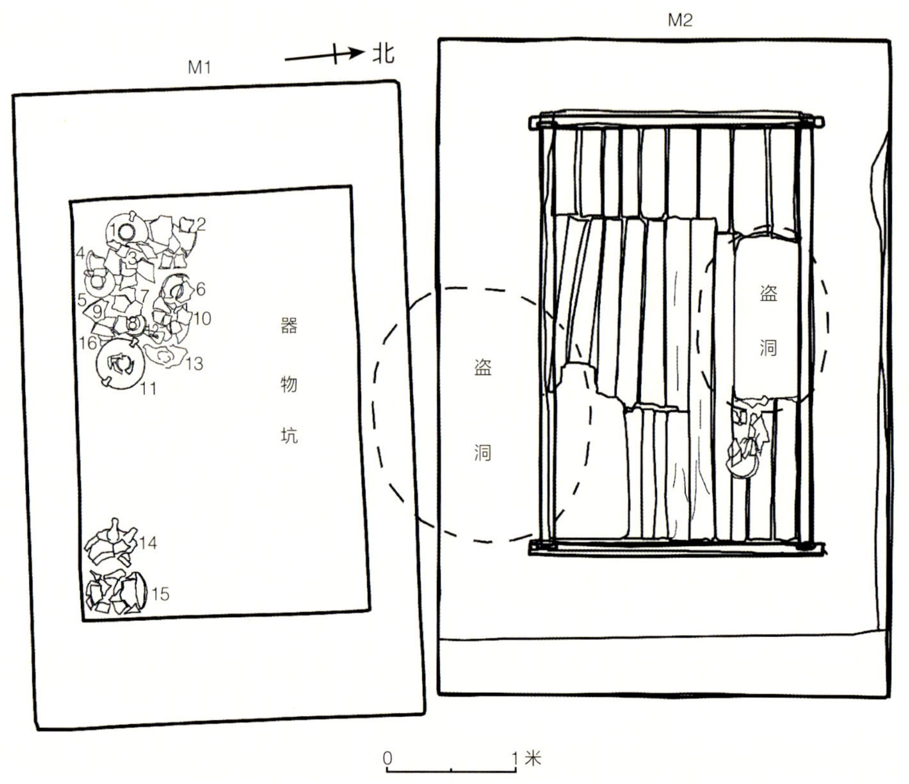

图四 M1、M2平面图

1、4、8、11、16.原始青瓷壶 2、3、6、7.陶罐 5、9.原始瓷罐 10.原始瓷钫 12.铜铺首 13.漆器 14、15.陶器

（二）随葬器物

M1共出土器物16件，陶器6件（其中1件印纹硬陶）、原始青瓷器8件、铜器1件、漆器1件。M2出土铜镜1件，盗洞及填土分别出土玉琀蝉及石刀各1件。分别叙述如下。

（1）陶器

6件。

罐　4件。

标本M1：2，夹砂灰陶。方唇，侈口，溜肩，鼓腹，圜底。口径20.4、底径11、最大径36、通高35.4、器壁厚0.6～1厘米（图五，1；图六）。

标本M1：3，印纹硬陶，夹砂红褐陶质。尖唇，侈口，短束颈，溜肩，鼓腹，小平底。肩腹部遍布席印纹。口径18.4、底径18、腹最大径36.8、通高34.4、器壁厚0.6～1.2厘米（图五，4；图七）。

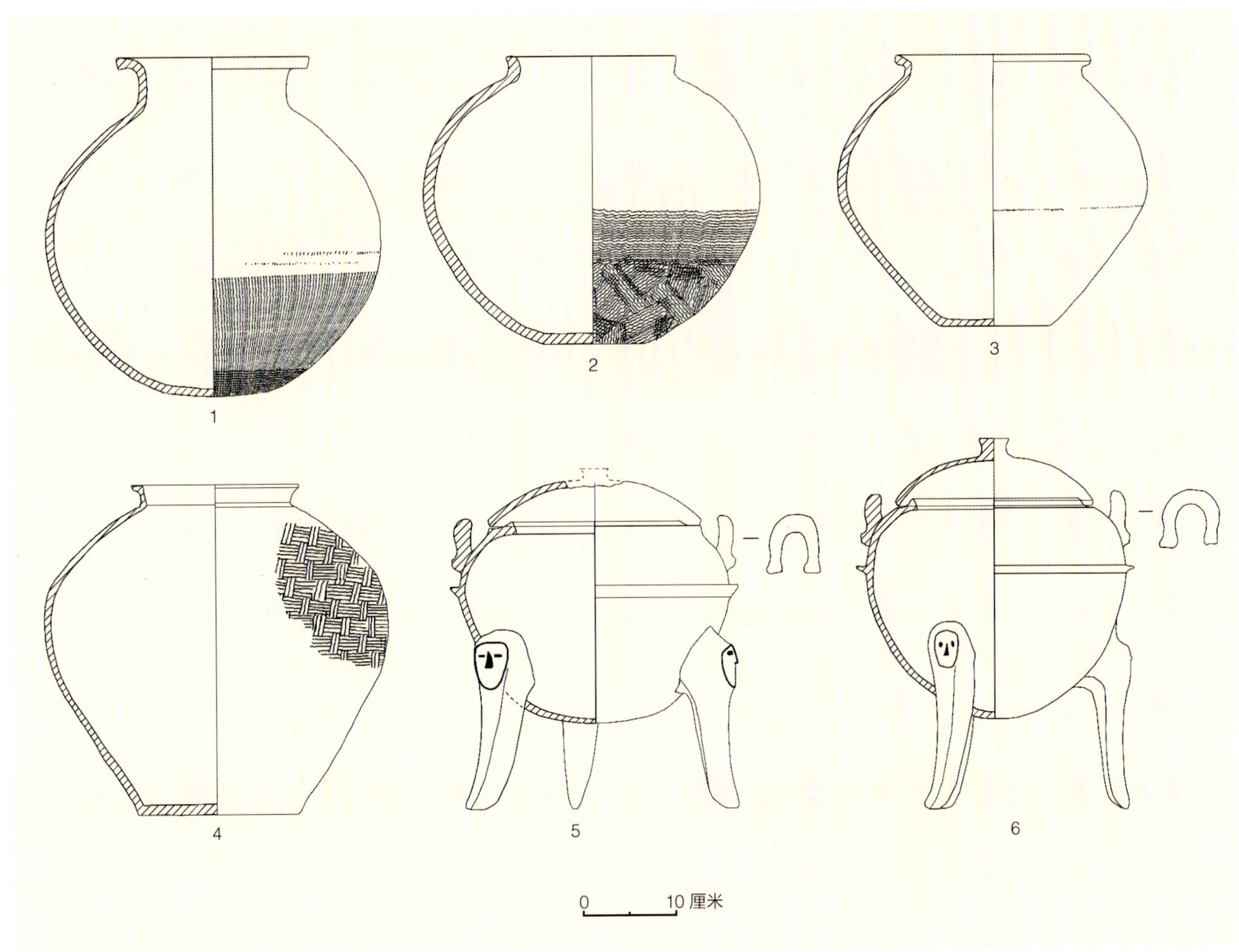

图五　M1出土陶器

1～4. 陶罐（M1：2、M1：6、M1：7、M1：3）　5、6. 陶鼎（M1：14、M1：15）

标本M1：6，泥质黄褐陶。圆唇，侈口，矮束颈，溜肩，鼓腹，小平底。下腹部拍印数组绳纹，绳纹方向无规律。口径22、底径10.4、腹最大径36、通高30、器壁厚0.8～1厘米（图五，2；图八）。

标本M1：7，夹砂灰陶。圆唇，侈口，短束颈，溜肩，鼓腹，小平底。腹部饰一周戳印纹。器物烧制不规整，横截面为椭圆形。口径长径22、短径20.8、底径长径13.2、短径12、腹最大径34、通高28.4、器壁厚0.6～0.8厘米（图五，3；图九）。

图六　陶罐（M1：2）

图七　陶罐（M1：3）

图八　陶罐（M1：6）

图九　陶罐（M1：7）

图一〇 陶鼎（M1：14）

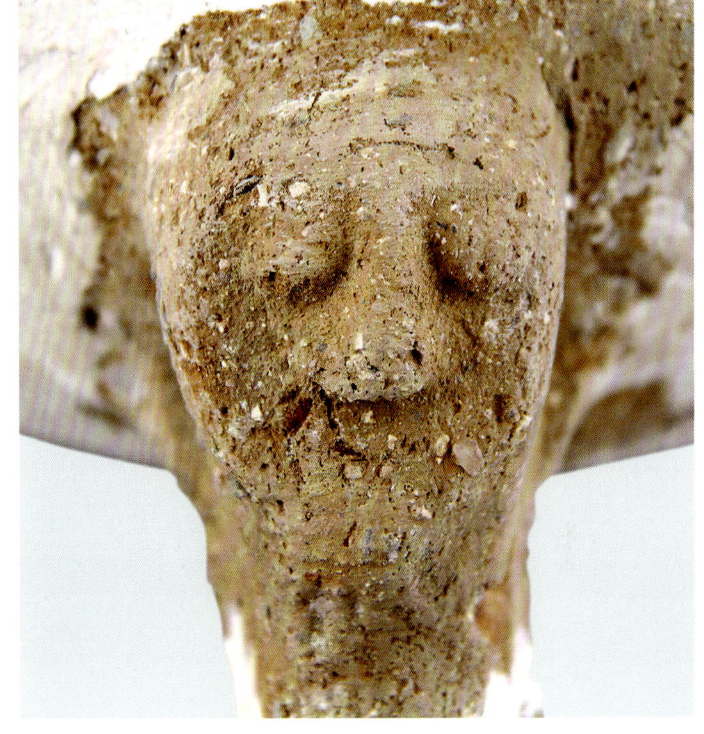
图一一 鼎足细节（M1：14）

鼎 2件。均为陶盖鼎。

标本M1：14，夹砂灰皮陶。夹大量滑石颗粒（图五，5；图一〇）。弧顶盖，盖顶有圆形捉手。鼎身为子母口，方唇，敛口，鼓腹，圜底，三锥状足，足跟外侧有人脸装饰（图一一）。口沿下有对称二附耳，腹中部饰凸弦纹一周。口径18、最大径30.4、通高33.4、器壁厚0.4～1厘米。

标本M1：15，夹砂红褐陶。制作粗糙不规整，形制与M1：14基本相同。口径18、最大径30、通高40、器壁厚0.4～0.8厘米，盖径21.6厘米（图五，6；图一二）。

原始青瓷器 8件。

图一二 陶鼎（M1：15）

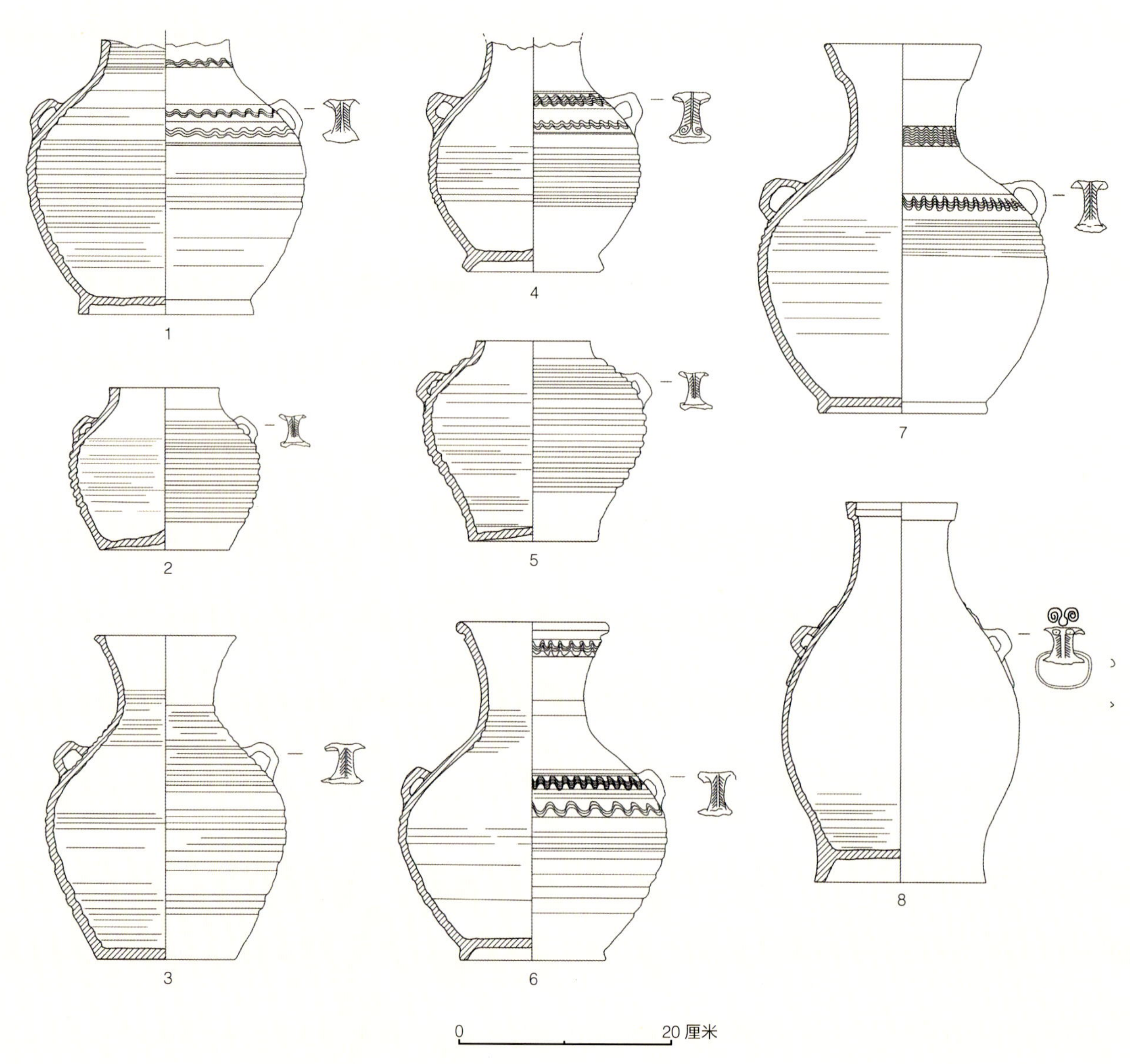

图一三 M1出土原始青瓷器

1、3、4、6、7.壶（M1：1、M1：8、M1：16、M1：4、M1：11） 2、5.罐（M1：9、M1：5） 8.钫（M1：10）

壶 5件。

标本M1：1，口残，长束颈、溜肩、鼓腹、圈足底。颈部饰一周波浪纹，双耳间饰三周弦纹，弦纹间各饰一组波浪纹，肩部对称贴塑双耳，肩部饰弦纹加两周波浪纹带，器身旋出多重瓦棱纹。肩部及上腹施青釉，有泪状流釉，余部为红褐陶胎，器物烧制不规整，有气泡鼓出。底径16.6、腹最大径26.4、残高25.4、器壁厚0.6～1厘米（图一三；图一四）。

标本M1：4，敞口，长束颈，溜肩，鼓腹，圈足底。口及颈下部的两条凹弦纹间各饰一组波浪纹，肩部贴塑对称双耳，两组弦纹与波浪纹交错分布，器身旋出多条瓦棱纹。口沿内侧、肩部及上腹施青釉，余部裸露红褐陶胎。口径14.2、底径11.8、腹最大径25.4、通高33.2、器壁厚0.4～0.8厘米（图一三，6；图一五）。

标本M1：8，侈口，尖唇，长束颈，溜肩，鼓腹，平底，肩部对称贴塑双耳。口沿内侧及肩上部施青釉，余为红褐色胎，器身旋出多重瓦棱纹。口径13、底径13.2、腹最大径22.8、通高29.8、器壁厚0.4～1厘米（图一三，3；图一六）。

图一四　原始青瓷壶（M1：1）

图一五　原始青瓷壶（M1：4）

图一六　原始青瓷壶（M1：8）

标本M1：11，敞口，长束颈，溜肩，鼓腹，圈足底。颈下部两条凹弦纹间各饰一组波浪纹，肩部对称贴塑双耳，双耳间饰两道凹弦纹，之间加一组波浪纹，肩腹部旋出多道瓦棱纹。口沿内侧、肩部及上腹施青釉，余部裸露红褐陶胎。口径14.8、底径15.6、腹最大径27.2、通高34、器壁厚0.6～0.8厘米（图一三，1；图一七）。

标本M1：16，口残，长束颈，溜肩，鼓腹，圈足底。肩部贴塑对称双耳，肩部饰弦纹加两周波浪纹带，下腹部旋出多重瓦棱纹。肩部及上腹施青釉，余部裸露红褐陶胎，器物烧制不规整，厚薄不均，多处有气泡鼓出。底径13.8、腹最大径20.4、残高21.2、器壁厚0.6～1厘米（图一三，4；图一八）。

罐　2件。

标本M1：5，敛口，方唇，矮颈，溜肩，鼓腹，凹底。肩部设对称贴塑双耳。肩部施青釉，肩腹部旋出多重瓦棱纹。口径10.8、底径12.4、腹最大径20.6、通高18.4、器壁厚0.4～0.8厘米（图一三，5；图一九）。

标本M1：9，直口，方唇，矮颈，溜肩，鼓腹，凹底。肩部对称贴塑双耳。肩腹部旋出多重瓦棱纹，肩部施青釉。口径10.6、底径12.4、腹最大径18.4、通高15、器壁厚0.6～1厘米（图一三，2；图二〇）。

图一七　原始青瓷壶（M1：11）

图一八　原始青瓷壶（M1：16）

图一九　原始青瓷罐（M1：5）

图二〇　原始青瓷罐（M1：9）

图二一　原始青瓷钫（M1：10）

图二二　铜镜（M2：1）

钫　1件。

标本M1：10，方口，方唇，束颈，溜肩，鼓腹，正方圈足底。肩部对称贴塑衔环铺首双耳。口沿内侧、肩部及上腹施青釉，余部裸露红褐陶胎。口边长10.4、底边长16、腹最大径21.2、通高35、器壁厚0.6～1厘米（图二一）。

（2）铜器

2件。

铜镜　1件。标本M2：1，昭明连弧铭带镜。破损锈蚀严重，圆形，圆纽，圆纽座。座外一周凸弦纹圈。其外两周栉齿纹间残存铭文："□□质以昭明，□□□□日月，心忽扬而愿忠，□□□不泄。"宽素缘，由于残破太甚，尺寸不详（图二二）。

漆器附件　1件。标本M1：12，铜铺首。残，长6、宽5.4、厚0.2厘米（图二三，1；图二四）。

（3）玉器

1件。

标本M2：2，玉口含。青玉质，蝉状，长5.5、最宽2.2、最厚1.0厘米。出土于盗洞中，为盗墓者扰动后所留（图二五）。

（4）石器

1件。

石刀　标本M2：3，页岩，上端残，单面弧刃。残长7.5、残宽5.6、厚0.6～1、刃宽1.5厘米。出土于填土中（图二三，3；图二六）。

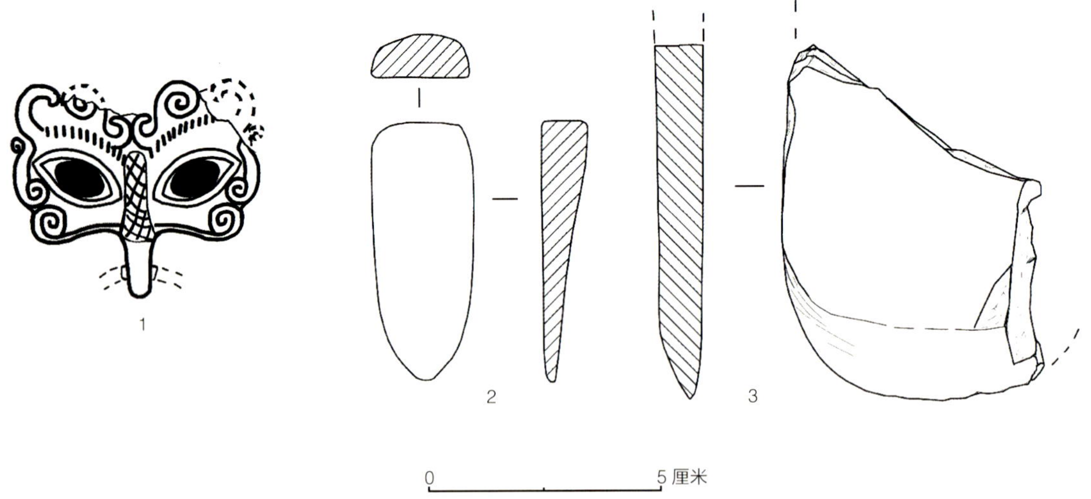

图二三　M1、M2出土铜、玉器及石器

1. 漆器附件铜铺首（M1：12）　2. 玉含蝉（M2：1）　3. 石刀（M2：2）

图二四　铜铺首（M1：12）

图二五　玉口琀（M2：2）

图二六　石刀（M2：3）

二、M3

（一）墓葬形制

M3位于F1西，为长方形土坑竖穴墓，东西长3.2、南北宽1.6、深1.6米。墓内出土了原始青瓷器、铜镜、铜钱等器物。

（二）随葬器物

（1）原始青瓷器

4件。

壶　2件。

标本M3：2，侈口，尖唇，长束颈，溜肩，鼓腹，矮圈足底。肩部对称贴塑双耳，颈部两周凹弦纹间饰以一周波浪纹，两耳上下各饰两周凹弦纹。下腹部旋出多重瓦棱纹。口部内侧、肩部及上腹施青釉，余部裸露红褐陶胎。口径12.8、底径10.4、通高25.6、腹最大径19.8、器壁厚0.6～0.8厘米（图二七，4、图二八）。

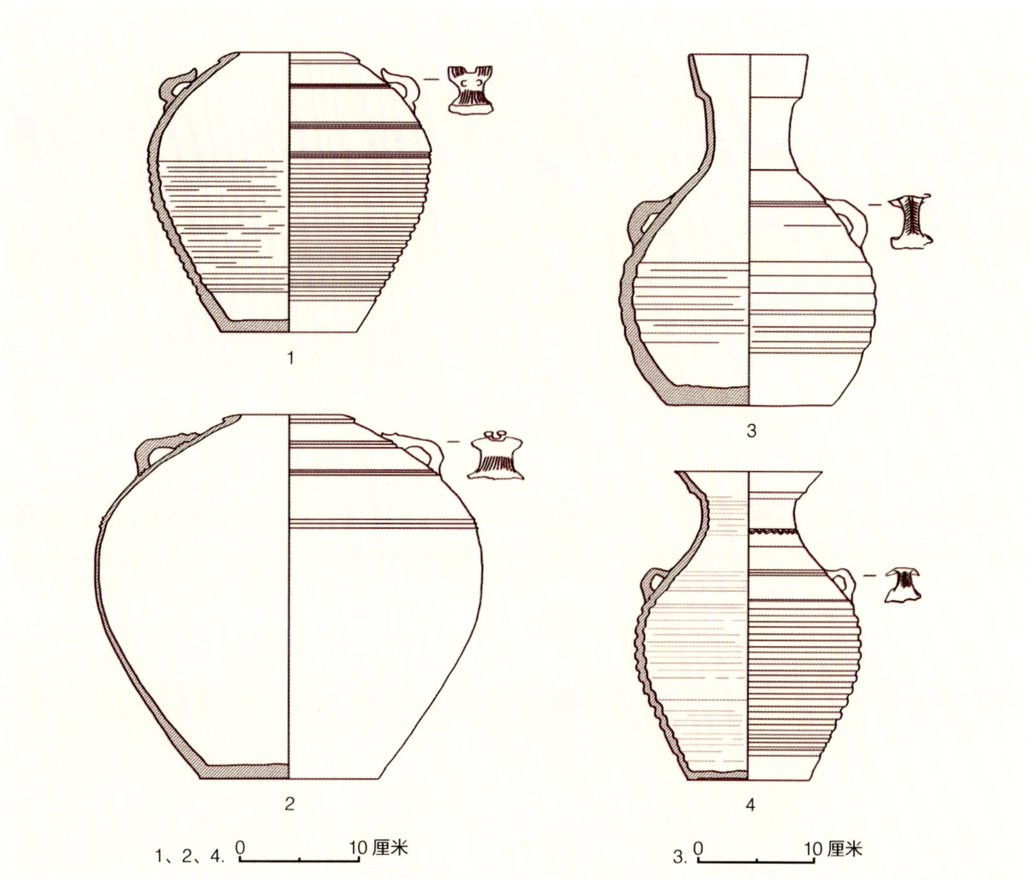

图二七　M3出土原始青瓷器

1、2. 瓿（M3：1、M3：3）　3、4. 壶（M3：4、M3：2）

标本M3：4，盘口，圆唇，长束颈，溜肩，鼓腹，小平底，底部微凹。肩部对称贴塑双耳，两耳上部饰一周凹弦纹，两耳下及腹部旋出数道瓦棱纹。器物烧制不规整，厚薄不均，有气泡鼓出。口径5.2、底径7、腹最大径11、通高14.6、器壁厚0.3～0.8厘米（图二七，3；图二九）。

瓿 2件。

标本M3：1，敛口，尖唇，溜肩，鼓腹，小平底。肩部饰对称贴塑双耳。肩及上腹部饰三周凹弦纹，下腹部旋出多重瓦棱纹，口部及上腹部施青釉，余部裸露红褐陶胎。器物烧制粗糙，局部有气泡鼓出。口径8.2、底径11.6、腹最大径24、通高23.2、器壁厚0.4～1厘米（图二七，1；图三〇）。

标本M3：3，敛口，尖唇，溜肩，鼓腹，平底。肩部饰对称贴塑双耳。肩腹部饰三组横向凸棱纹，口部及上腹部施青釉，余部裸露红褐陶胎。器物烧制粗糙，厚薄不均，局部有气泡鼓出。口径10、底径15.2、腹最大径32.8、通高30.2、器壁厚0.3～1.2厘米（图二七，2；图三一）。

图二八 原始青瓷壶（M3：2）

图二九 原始青瓷壶（M3：4）

图三〇 原始青瓷瓿（M3：1）

图三一 原始青瓷瓿（M3：3）

（2）铜器

2件。

镜　1件。标本M3：7，禽兽博局镜，破损锈蚀严重。圆形，圆纽，圆纽座。座外重圈，圈间环列九乳，方格内角各一字，合为“长宜子孙”。方格外博局纹及八枚乳钉将内区划分为四方八极，其内分别配以各种禽兽，其外为一周栉齿纹。镜缘较宽，饰以锯齿纹及连续云气纹。直径18.8、镜缘宽3、厚0.25～0.6厘米（图三二）。

漆器附件　1件。标本M3：9，四叶柿蒂形铜饰。残，厚0.02厘米（图三三；图三四，1）。

（3）角器

1件。

角擿　标本M3：6，素面。呈条状弯曲。长8、宽1.3、厚0.1～0.2厘米（图三四，2；图三五）。

图三二　铜镜（M3：7）

图三三　漆器铜附件（M3：9）

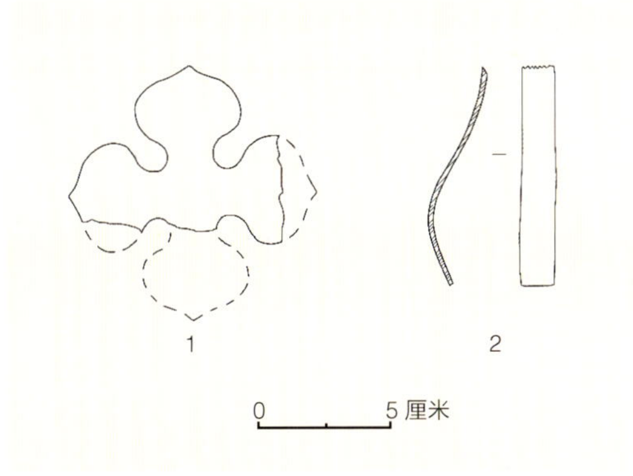

图三四　M3出土器物

1. 漆器铜附件（M3：9）　2. 角擿（M3：6）

图三五　角擿（M3：6）

结　　语

本次考古发掘殷家庄汉墓为青岛地区近年来发现的规模较大的汉代墓葬。M1与M2位于同一座封土之下，从墓葬形制、规模及出土随葬品来看，应为当时的地方贵族墓，其木椁墓形制主要流行于西汉时期，M2出土的昭明连弧铭带镜多于西汉中晚期使用，据此推断该墓葬下葬年代为西汉中晚期。据出土的禽兽博局镜，判断M3年代当在新莽至东汉早期。

本次发掘的3座墓葬特点鲜明，出土了较多的原始青瓷器，而原始瓷器最早见于我国南方地区，最晚于春秋战国时期，江南地区土墩墓中已经普遍使用原始瓷器随葬，近年在该区域的考古也发现数处原始瓷窑遗址，因此这一般也被认为是吴越地区的特产。青岛地区墓葬从汉代开始常见随葬原始青瓷器的习俗，殷家庄汉墓出土的原始青瓷器亦多见于江浙一带墓葬中，时间从西汉到东汉均有发现，其形制、釉色、施釉方法及胎质特点等也与江浙一带发现的同类器基本相同，但主要是壶、瓿、钫等器，种类较南方地区要少。而青岛乃至山东地区目前尚未发现原始瓷窑遗址，因此，该地区出土的汉代原始瓷器应该是来自江浙等南方地区。此外，大封土木椁墓形制、漆器随葬等亦与南方地区关系紧密。

从地缘上说，黄岛地处鲁东南沿海，南接吴越，历史上两地就多有交集。史书记载，春秋时期吴国曾发兵占据了青岛西南的琅琊等地，后勾践灭吴并徙都琅琊，以示永久驻霸中原之意，再后，楚又灭越，其势力亦曾深入青岛地区。这些都使该地文化与南方吴越以及楚地关系密切，其文化面貌从春秋战国起直到汉代自然表现出与南方吴越楚等地区相似的一面。

原载于《青岛考古（一）》，本文系在原报告基础上删改与增加而成。原报告认为封土之下为一座墓与一座器物坑。根据近些年的考古发现，再重新检视以往发掘资料，我们认为，原报告认为封土之下的器物坑，实际上应为另一座墓葬，即该封土之下，应为两座并穴合葬墓，这样的墓葬形制广泛见于黄岛地区汉代封土墓葬之中。认识及此，本文在新出版报告中，即将器物坑改为M1，原文中M1改为M2，原文中M2依序改为M3，特此于文末进行更正说明。

发掘人员：林玉海、尹锋超、杜义新、郑禄红（青岛市文物保护考古研究所）
纪中良、翁建红（青岛市黄岛区博物馆）
文物修复：杜义新
摄　　影：彭峪
绘　　图：郑禄红
执　　笔：郑禄红、翁建红

鉴定与研究

第一节 青岛市土山屯汉墓出土植物遗存鉴定分析

王海玉[1] 郑禄红[2]
1.山东省石刻艺术博物馆 2.四川省文物考古研究院

在土山屯汉墓发掘过程中，发掘者在两座形制较大、保存较好的墓葬中发现了一些植物遗存，并现场进行了采集提取。它们一份采自墓葬棺椁内，一份采自墓葬陶罐内。以下将介绍这两份植物遗存的鉴定结果。

一、鉴定结果

1. M6棺内

经初步鉴定，M6棺内这些浸水的植物种子遗存包括黍、粟、大麻三类，共82粒，其中以黍为主，有67粒，另有12粒粟、3粒大麻。这三类都是汉代重要的农作物。

黍和粟皆仅残存谷壳部分，颖壳保存较完整，壳内包被的颖果（即籽粒部分）缺失。黍的谷粒呈宽椭圆形，从稃壳表面特征来看，黍的稃壳表面较光滑，显微镜下观察可见细纵纹（图一），长2.64~3.07、宽2.12~2.62、厚1.81~2.29毫米。粟的谷粒整体呈椭圆形，稃壳表面有疣粒状凸起，排列成纵向波纹，背部拱起，腹部稍平（图二）。长2.21~2.37、宽1.33~1.43毫米。

大麻种子表面较光滑，呈卵形，周边有一圈细棱（图三）。长约4、宽2.9~3.3、厚2.8~2.9毫米。

图一 黍

图二 粟

图三 大麻

图四 黍稃壳

2. M8

采自M8陶罐内的植物遗存皆为未炭化的黍，现仅存黍壳，谷壳呈黄白色（图四），颖果（籽粒）部分大多缺失。从出土状态看，应是随葬了一陶罐带壳的黍，因历经两千年，富含淀粉的籽粒已基本腐朽消失，保存下来的多为较坚硬的谷壳。因种子皆粘连成块，且多残破，无法进行数量统计和数据尺寸测量。

二、分析讨论

众所周知，汉代人的葬俗是以现实生活为蓝本，通过丧葬建筑、随葬品等尽可能再现墓主生前的生活场景，以达到“事死如事生”的目的。随葬农作物等实物是展现墓主生前衣食生活的重要证据，在汉代墓葬中屡有发现。上自汉阳陵[1]、老山汉墓[2]、双墩一号汉墓[3]等汉代帝王墓葬，下至汉代普通居民的墓葬[4]中皆有农作物遗存的发现，差别仅在贵族墓葬中发现作物遗存数量和种类更为丰富。

古代文献中提到的五谷［一说“黍、稷（粟）、麻、麦、豆”；一说“稻、黍、稷（粟）、麦、菽（豆）”］在汉代已经广为种植，因而常见于汉代墓葬中，有的五谷齐备，有的仅随葬其中的一种或几种。土山屯汉墓这两份样品中，一份发现黍、粟、大麻三种农作物，一份目前仅发现黍。这在一定程度上反映了当时墓主生前日常生活的粮食消费和利用情况，表明黍、粟、大麻是当时重要的农业种植作物，在社会生活和经

[1] 杨晓燕、刘长江等：《汉阳陵外藏坑农作物遗存分析及西汉早期农业》，《科学通报》2009年第13期，第1917~1921页。

[2] 孔昭宸、刘长江、赵福生：《北京老山汉墓植物遗存及相关问题分析》，《中原文物》2011年第3期，第103~108页。

[3] 赵志军、汪景辉：《双墩一号汉墓出土植物遗存的鉴定和分析》，《农业考古》2016年第1期，第1~8页。

[4] 赵志军：《西汉汉墓陶仓出土植物遗存的鉴定和分析》，《西安东汉墓》，文物出版社，2009年。

济生活中都有较高的地位。

黍和粟这两种小米从新石器时代早期开始就一直是我国北方旱作农业的典型代表，一直延续到汉代，并且体现在墓葬随葬习俗中，可见其在汉代先民日常生活中的重要性是不言而喻的。大麻的茎皮纤维可纺织制布，作为纺织材料，与蚕丝并重，其种子可榨油，果、叶还可供药用[1]，古代文献中还有关于大麻的大量记述，是我国古代十分重要的一类经济作物。作为“五谷”中仅有的一类非粮食作物，足见大麻在古代先民生产生活中占有重要的地位。土山屯汉墓中大麻的发现，从侧面印证了大麻应是当时该地区重要的经济作物，与民生关系密切。

根据两座墓葬的发现情况[2]可知，M8、M6两座墓葬规模、形制和随葬器物都有很多相似性，在当地应属于有一定社会地位的贵族墓葬，且M8下葬时间早于M6，发现随葬农作物的种类也少于M6，表明可能当地从稍早到稍晚阶段随葬农作物等随葬品有逐渐丰富的趋势。

此次采样属非系统采样，样品数量极少，我们无法进行量化统计分析，但大致能看出随葬农作物中以黍、粟等粮食作物为主，特别是黍的出土数量和出土概率似乎更占优势，可能说明当时该地区在延续北方以黍、粟为主的旱作农业种植传统基础上，更偏爱将黍作为祭祀随葬的用品。黍作为重要的谷类作物，除了食用外，还可用作祭祀奠基等特殊用途，这类现象在山东地区至少可追溯到大汶口文化早期的即墨北阡遗址，将带壳的黍放置在房屋的柱洞、柱坑内[3]；到夏商时期，黍属于贵食，常用来酿酒或祭祀，极受重视[4]。因而，土山屯所在的地区在汉代将黍作为重要的随葬农作物也是有可能的。

同时我们也注意到，小麦作为汉代我国北方重要的粮食作物，并未见于两个墓葬的随葬品中。究其原因，可能与当地种植规模有限，少见用麦类作物随葬的葬俗；也可能与采样量少有关，不排除下一步发现的可能。

综上，通过对土山屯汉墓这两份出土植物遗存的鉴定分析，我们可以初步得出以下认识：汉代青岛地区的墓葬中，存在用黍、粟、大麻等农作物随葬的习俗，当时这三类农作物应在农业生产和日常生活中占据重要地位，黍可能被用作祭祀随葬的概率更大，至于小麦等其他汉代农作物未见于此次样品中，可能与本地葬俗或采样量少有关。因此次采样属非系统采样，其代表性有局限，随着进一步的发掘采样，我们期待能有更多数量和更多种类植物遗存的发现。

---

[1] 中国科学院中国植物志编辑委员会：《中国植物志》第23（1）卷，科学出版社，1998年，第223页。

[2] 参考《土山屯汉墓发掘简报》。

[3] 王海玉、靳桂云：《山东即墨北阡遗址（2009）炭化种子果实遗存研究》，《东方考古》（第10集），科学出版社，2013年，第254~279页。

[4] 宋镇豪：《夏商社会生活史》，中国社会科学出版社，1994年，第249~261页。

第二节　土山屯汉墓M6、M8椁板的鉴定与初步分析

王育茜[1]　郑禄红[2]
1.安徽博物院　2.四川省文物考古研究院

土山屯汉墓位于山东省青岛市黄岛区张家楼镇土山屯村东北1千米处的山岭上。墓群原有15座封土，其中1座被毁坏、现存14座。2011年开始的发掘过程中，出土了相当多的木质棺椁，为了获取先民利用木材资源的初步信息，我们尝试对M6和M8椁板木材进行样品采集。

一、研究方法

2012年1月，我们对土山屯汉墓M6、M8椁板的木材进行取样，为了尽可能全面地了解木材样品的种属信息，共随机采集30块木材样品，其中M8椁板10块、M6椁板10块、M8“人”字形椁顶10块。

木材样品经软化后，采用徒手切片的方法，分别制作横、径、弦三个方向的切片，并在XWY-VI纤维仪观察三个切面的结构特征及拍照，参考现代木材标本及《中国木材志》等相关专业图谱鉴定树木种属。

二、研究结果

通过观察和鉴定，土山屯汉墓M6、M8的木材样品分别来自三种木材（表一）。分别属于榆树属（*Ulmus* sp.）、桢楠属（*Phoebe* sp.）、侧柏属（*Platycladus* sp.）。M6椁板均取自榆树属、M8椁板来自榆树属和桢楠属两种木材，而M8“人”字形椁顶均取自侧柏属。

表一　土山屯汉墓出土木材鉴定结果一览表

样品单位	样品编号	鉴定结果
M6	2012QTM6椁-1	榆树属（*Ulmus* sp.）
	2012QTM6椁-2	榆树属（*Ulmus* sp.）
	2012QTM6椁-3	榆树属（*Ulmus* sp.）
	2012QTM6椁-4	榆树属（*Ulmus* sp.）
	2012QTM6椁-5	榆树属（*Ulmus* sp.）
	2012QTM6椁-6	榆树属（*Ulmus* sp.）

续表

样品单位	样品编号	鉴定结果
M6	2012QTM6椁-7	榆树属（*Ulmus* sp.）
	2012QTM6椁-8	榆树属（*Ulmus* sp.）
	2012QTM6椁-9	榆树属（*Ulmus* sp.）
	2012QTM6椁-10	样品保存状况太差，不可鉴定
M8	2012QTM8椁-1	桢楠属（*Phoebe* sp.）
	2012QTM8椁-2	桢楠属（*Phoebe* sp.）
	2012QTM8椁-3	榆树属（*Ulmus* sp.）
	2012QTM8椁-4	榆树属（*Ulmus* sp.）
	2012QTM8椁-5	桢楠属（*Phoebe* sp.）
	2012QTM8椁-6	样品保存状况太差，不可鉴定
	2012QTM8椁-7	桢楠属（*Phoebe* sp.）
	2012QTM8椁-8	桢楠属（*Phoebe* sp.）
	2012QTM8椁-9	桢楠属（*Phoebe* sp.）
	2012QTM8椁-10	榆树属（*Ulmus* sp.）
	2012QTM8人字形椁顶-1~10	侧柏属（*Platycladus* sp.）

榆树属（*Ulmus* sp.）木材结构特征：

从横切面上看，生长轮明显；环孔材；早材管孔略大；连续排列成早材带，多宽1～3列管孔；具侵填体；早材至晚材急变；晚材管孔甚小，呈弦向带状或波浪形；轴向薄壁组织多为傍管状，常与晚材导管一起排列成弦向带或波浪形；木射线密度稀至中，极细至中（图五）。从径切面上看，单穿孔；射线组织为同形单列及多列；螺纹加厚仅存在于小导管管壁上（图六）。从弦切面上看，单列射线少，多列射线通常宽2～4细胞，多高5～40细胞，同一射线内偶见2次多列部分；射线细胞部分含树胶（图七）。

图五　2012QTM6椁-3

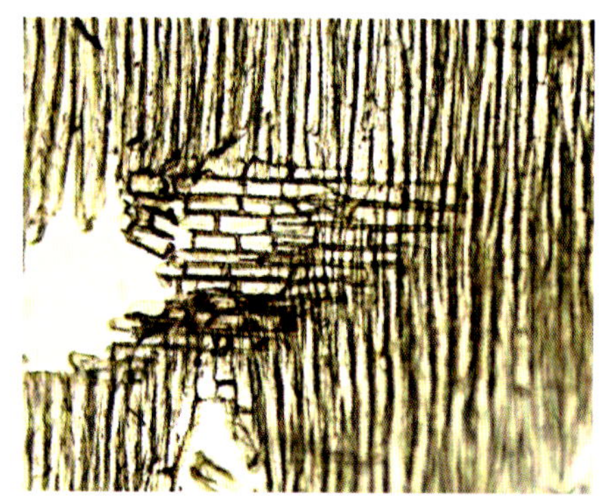
图六　2012QTM6椁-8

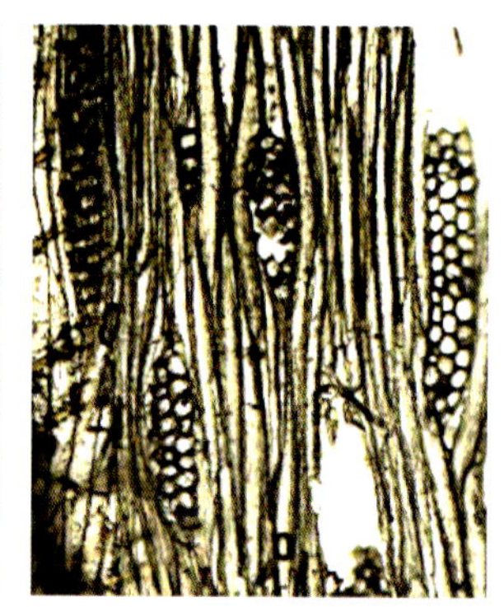
图七　2012QTM6椁-9

桢楠属（*Phoebe* sp.）木材结构特征：

从横切面上看，生长轮明显；散孔材；单管孔及短径列复管孔（多2～3个），管孔多为圆形、卵圆形，部分具多角形轮廓，大小多一致，分布较为均匀；轴向薄壁组织量少，呈傍管状；木射线稀至中，极细至略细（图八）。从径切面上看，单穿孔，少数为梯形复穿孔；射线组织多为异形Ⅲ型；螺纹加厚未见（图九）。从弦切面上看，单列射线少，多高2～6细胞，多列射线多宽2～3细胞，多高10～20细胞；射线细胞内树胶丰富，油细胞多（图一〇）。

侧柏属（*Platycladus* sp.）木材结构特征：

从横切面上看，生长轮明显；晚材带极窄；早材至晚材渐变；轴向薄壁组织少见，多含深色树脂，呈星散及弦向带状；木射线密度稀至略密，极细；轴向树脂道未见（图一一）。从径切面上看，早材管胞径壁具缘纹孔1列，极少成对；眉条明显；晚材管胞径壁具缘纹孔1列；射线薄壁细胞与早材管胞间交叉场纹孔式为柏木型，1～4个，多1～2横列（图一二）。从弦切面上看，木射线多单列，多高2～15细胞；射线细胞多含树脂；径向树脂道未见（图一三）。

图八　2012QTM8椁-8

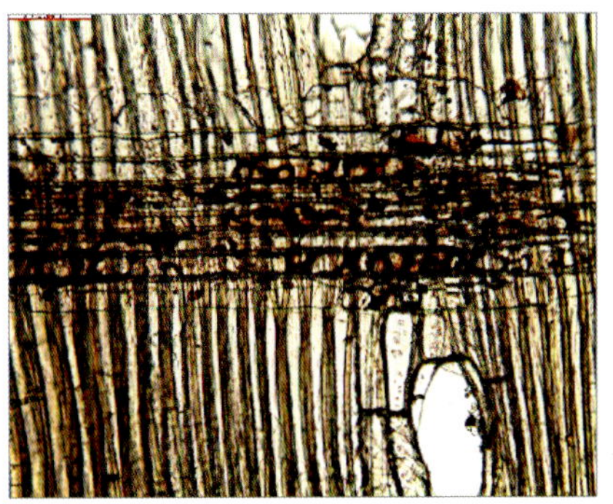

图九　2012QTM8椁-9

图一〇　2012QTM8椁-9

图一一　2012QTM8人字形椁项-1

图一二　2012QTM8“人”字形椁项-2

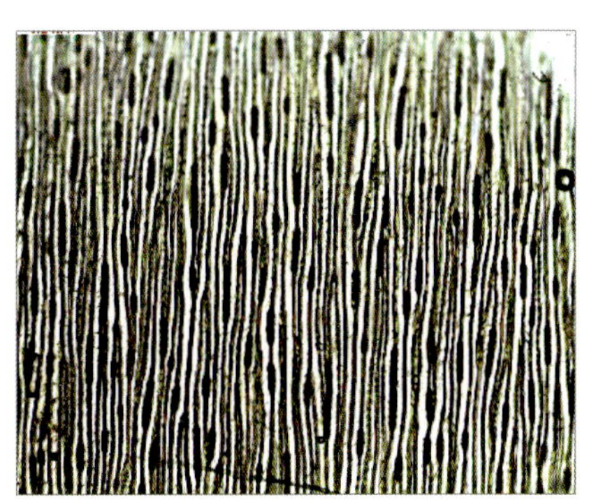

图一三　2012QTM8人字形椁项-1

三、讨论

1. 椁板木材的选择

从目前木材样品的鉴定情况来看，M6和M8椁板都使用榆树属木材，另外，M8椁板还使用了桢楠属木材。

榆树属属于榆科，主要分布于北温带，在长江以北地区分布偏多，榆树是山东重要的乡土树种，常见的种类包括白榆（*Ulmus pumila* L.）、裂叶榆[*Ulmus laciniata*（Trauv.）*Mayr*]、大果榆（*Ulmus macrocarpus Hance*）、黑榆（*Ulmus davidiana Planch*）、春榆[Ulmus davidiana var. japonica （Rehd.） Nakai]和榔榆 （Ulmus parviflora Jacq.）等。榆木的木质较为坚硬，早在战国时期就已经被用于制作椁木，如包山楚墓[1]就曾发现榆科树木做的棺板。战国时期开始，伴随着天然林木的大量砍伐，以及林木需求量的与日俱增，人们开始选择性的种植一些林木种类，其中榆木就是人们喜爱种植的树木之一，《汉书·伍被传》有记载汉朝廷“广长榆，开朔方，匈奴折伤”。西汉渤海郡太守龚遂“劝民务农桑，另种一树榆”[2]。榆木在数量上的丰裕，更促使其成为人们生活中主要利用的木材之一。

桢楠属属于樟科，俗称楠木，古称“柟木”，是我国的特有树种，多分布于我国长江以南地区，尤其是在四川、贵州和湖北等地分布较多，是南方重要的用材树种。由于楠木木材“中有纹理，坚如铁石”，具有结构细致均匀、耐腐朽、耐虫害、耐水湿等特点，成为人们棺椁用材的重要选择。早在江陵九店M633[3]、绍兴凤凰山木椁墓[4]、新都木椁墓[5]以及包山楚墓[6]等战国墓葬中就已发现楠木制的棺椁板，这些墓葬多位于气候较为温暖的南方地区，可能与楠木自然生长的分布范围有关。土山屯汉墓M8所使用的楠木很可能取自南方地区，另外在山东定陶灵圣湖M2西汉墓[7]的椁板上也有同样的发现。

---

[1] 湖北省荆沙铁路考古队：《包山楚墓》，文物出版社，1991年，第15、51页。

[2] （汉）班固撰：《汉书》卷八十九《龚遂传》。

[3] 湖北省文物考古研究所：《江陵九店东周墓》，科学出版社，1995年，第528～532页。

[4] 绍兴县文物管理委员会：《绍兴凤凰山木椁墓》，《考古》1976年第6期。

[5] 四川省博物馆等：《四川新都战国木椁墓》，《文物》1981年第6期。

[6] 湖北省荆沙铁路考古队：《包山楚墓》，文物出版社，1991年，第15、51页。

[7] 王树芝、崔圣宽、王世宾：《山东定陶灵圣湖西汉墓M2出土木材分析与研究》，《东方考古》（第11集），科学出版社，2014年。

2. M8“人”字形椁顶的选择

土山屯汉墓M8出土的“人”字形椁顶形制较为特殊，之前多在江浙等沿海地区有类似发现。经鉴定椁顶均来自柏科侧柏属。柏木具有耐久性强、木材细致、干缩度小等特点，尤其是其耐腐性强，更使其成为棺椁木材的上佳选择。早在栖霞杏家庄战国墓[1]、陕西秦公一号墓[2]、高邮神居山二号墓[3]以及西安汉代积沙墓[4]等墓葬中就已经发现用柏木制作的棺椁。山东定陶灵圣湖M2[5]中的“黄肠题凑”即取自侧柏属，题凑的形制与“人”字形椁顶虽有所不同，但是从侧柏属木材的使用上可以推测当时人们可能在等级较高的墓葬中选用柏木制作葬具。

综上所述，土山屯汉墓M6椁板取自当地分布较多的榆木，而M8椁板则主要来自生长于南方的楠木，同时M8还出土了柏木的“人”字形椁顶，楠木和柏木的使用是人们对木材材质认识下的选择。

[1] 李元章：《山东栖霞县占疃乡杏家庄战国墓清理简报》，《考古》1991年第1期。

[2] 马振智：《试谈秦公一号大墓的椁制》，《考古与文物》2002年第5期。

[3] 吴达期等：《高邮神居山二号汉墓的木材鉴定》，《南京林业大学学报（自然科学版）》1985年第3期。

[4] 陕西省考古研究所：《西安北郊汉代积沙墓发掘简报》，《考古与文物》2003年第5期。

[5] 王树芝、崔圣宽、王世宾：《山东定陶灵圣湖西汉墓M2出土木材分析与研究》，《东方考古》（第11集），科学出版社，2014年。

后记

本书是对青岛市黄岛区境内“墩式封土墓”考古发掘工作的一次小结。2005～2011年，青岛市文物保护考古研究所分别对黄岛区境内土山屯汉墓、廒上村汉墓和殷家庄汉墓进行了考古发掘。此三处汉墓，在墓葬形制、埋葬习俗和随葬器物等方面有很大的相似性，有别于本地区其他汉代墓葬，故将此三处汉墓的发掘报告结集出版。

廒上村汉墓和土山屯汉墓发掘完毕后，工作人员随即投入紧张的资料整理过程中。两次发掘，出土了大量精美的漆木器。这批漆木器虽保存较好，但一直处于饱水环境，亟须进行脱水修复等文物保护工作，难以进行测量、绘图等工作，故资料整理暂时告一段落。2013年，正式申请国家文物局立项，将两次出土的漆木器委托给荆州市文物保护中心进行脱水修复等工作。历经3年，此批漆木器基本修复完毕，资料整理得以继续进行并最终完成。

本书由青岛市文物保护考古研究所和青岛市黄岛区博物馆共同编辑出版，为推进本书的出版，林玉海所长和翁建红馆长做了大量的协调和统筹工作。“概述”部分由黄岛区博物馆李祖敏执笔；“墓葬资料”部分中的土山屯汉墓由郑禄红执笔，廒上村汉墓部分由彭峪和纪中良执笔，殷家庄汉墓部分由郑禄红及翁建红执笔；“鉴定与研究”部分植物种子鉴定与研究主要由山东省石刻艺术博物馆王海玉完成，木材鉴定研究主要由安徽省博物院王育茜完成。本书的统稿和编辑工作，主要由郑禄红负责，因工作调动的原因，彭峪参与了后期的统稿和编辑工作。编辑校对过程中，杜义新、綦高华、于超和石玉兵提供了宝贵的修改建议，在此表示感谢。

本书在资料整理、写作及出版过程中，得到了青岛市文广新局、文物局和黄岛区文广新局领导的大力支持，借本书付梓之际，谨向以上单位表示感谢。科学出版社的李茜女士为本书的出版付出了大量心血，在此一并表示感谢。

限于学识，书中难免有不足和疏漏之处，祈盼读者予以批评指正。

编　者

2017年7月